UCHEN

Wir widmen dieses Buch all den Kochlustigen und Genussmenschen, die genau wie wir gern einen Blick in fremde Töpfe werfen.

Nina Schindler und Ute Karen Seggelke

Nina Schindler · Fotos von Ute Karen Seggelke

Von Menschen und Küchen

Geschichten, Bilder und Rezepte

Gerstenberg

»Die kleine Küche macht das Haus gross.«

Toskanisches Sprichwort

Es ist noch gar nicht so lange her, da ging es beim Kochen hauptsächlich ums Sattwerden und meistens bekamen die Mütter den Job aufgedrückt – ganz egal, ob sie sich dazu berufen fühlten oder nicht. Inzwischen wurde der Arbeitsort Küche aber auch als Lebensraum wieder entdeckt, in dem mit Lust und Leidenschaft gewerkelt wird. Ob Landhausküche oder Alu-Techno, ob verschnörkelt-verspielt oder futuristisch-minimalistisch, ob bunt und heimelig oder schwarzweiß und cool: Kochlustige setzen alles daran, sich ihre Traumküche zu schaffen, auch wenn manchen Wünschen die Architektur des Hauses Grenzen setzt.

Die Freude am Ambiente, die Befriedigung beim Hantieren mit formschönen, funktionstüchtigen Geräten, der Spaß am Sättigen der lieben Familie oder dankbarer Freunde und Freundinnen – all das wird nur noch von einem gekrönt: der eigenen Lust am Schmecken und am Genießen.

»*Chaqu'un à son gout*«, sagt man in Frankreich, und um Geschmack geht es in diesem Bildband in vielerlei Hinsicht. Ganz individuell richteten die Menschen in unserem Buch ihre Küchen ein, und wenn der Küchenraum aufgrund seiner Größe nicht zur Wohnküche reichte, wurde das Esszimmer entsprechend einbezogen. Denn diejenigen, die am Herd stehen, wollen nicht mehr aus der fröhlichen Gemeinschaft ausgeschlossen werden, sie wollen am Leben um sie herum teilnehmen – und ein paar Helfer zum Gemüseputzen oder Kartoffelschälen sind immer willkommen.

Es sind fröhliche Menschen, die gern kochen und andere bekochen. Und Genießerinnen und Genießer, die auch an andere denken, gehören ohnehin zu den angenehmsten Zeitgenossen. Gerade das machte die Arbeit an diesem Buch zu mehr als einem kulinarischen Erlebnis – wir durften meistens nicht nur kosten, was dort gebrutzelt, gedünstet, gebacken oder geköchelt wurde, wir lernten darüber hinaus auch viele liebenswerte Menschen kennen!

Nina Schindler
Ute Karen Seggelke

Aus alt mach neu – Eine Landhausküche

Jenny Burland und Patrick McCanlis

(Dort) hingen getrocknete Lorbeerzweige, perlweiße Knoblauchzöpfe und Büschel von Zitronenthymian (...) Megs Kupfertöpfe glänzten beruhigend von einem der Eichenbalken an der Decke. Die Luft war erfüllt von dem Duft frisch gebackenen Brots, der Orangensoße für die Rebhühner und des frisch gemahlenen Kaffees.

Claudia Bishop, A Taste for Murder

Darf man ein vierhundert Jahre altes Haus einfach verändern? In den Annalen steht 1582, doch Potter's Farm ist noch um einiges älter. Sollte man nicht respektieren, was die Altvordern damals gebaut haben und alles beim Alten belassen?

Jenny Burland lacht und schüttelt den Kopf. Für sie sind alte Häuser etwas Lebendiges, sie passen sich im Laufe der Jahrzehnte und Jahrhunderte immer den Bedürfnissen ihrer Bewohner an oder werden angepasst. Mal wird etwas angebaut, ein Zimmer in ein Bad verwandelt, eine überflüssige Wand herausgenommen, um ein Zimmer zu vergrößern, ein Kamin umgebaut oder eine Heizung installiert – ständig gibt es Veränderungen. Und einiges davon haben Jenny Burland und Patrick McCanlis jetzt mit Potter's Farm gemacht, einem der berühmten Cotswold-Häuser aus honigfarbenem Sandstein, der Inbegriff des malerischen englischen Cottages. Als Patrick Ende der 1990er Jahre das Haus erbte, das sein Vater 1952 ersteigert hatte, haben sie es behutsam und mit viel Gespür für Tradition modernisiert und kleine Veränderungen vorgenommen.

Am deutlichsten kann man das an der Küche sehen: Hier wurden eine ganze Wand entfernt, der Kellereingang zugemauert und der Fußboden erneuert. Das war auch notwendig, denn in der ersten Hälfte des letzten Jahrhunderts war die jetzige Küche der Kühlraum, in dem die Milch des ehemaligen Bauernhofs zu Käse und Quark verarbeitet wurde.

Eine fröhliche Tischrunde trifft sich in Potter's Farm (linke Seite).

Heute merkt man nichts mehr von der einstigen Kühle – jetzt verbreitet ein Aga gemütliche Wärme. Dieses Prachtstück stand bei der Neugestaltung der Küche ganz oben auf Jennys Wunschliste, denn der Aga ist für sie das ideale Gegenmittel gegen das oft nasskalte englische Wetter. Von ihm träumte sie schon, als sie in vielen Ländern der Erde manchmal jahre-, manchmal nur monatelang lebte. Nach jahrzehntelangen Konzessionen an die jeweiligen Lebensumstände besitzt sie nun endlich ihre Traumküche und genießt es spürbar. Ganz wichtig sind ihr auch die Kräuter, die rings um Potter's Farm üppig gedeihen und ohne die sie sich keine Mahlzeit vorstellen kann. Das Landleben bietet aber auch noch andere Vorteile: Patrick schlüpft in die Gummistiefel und geht mal eben auf die Wiese, um ein paar Champignons für das Risotto zu sammeln.

Für Jenny und Patrick ist die Küche der Mittelpunkt des Hauses, der Weg von draußen führt direkt hinein. Hierher und nicht etwa ins Wohnzimmer setzen sich die Freundin oder die Nachbarn, um ein Schwätzchen zu halten. Durch die Fenster sieht man smaragdgrünen englischen Rasen und Rosenbüsche, und wenn die Sonne durch die Wolken bricht, leuchtet das goldbraune Holz der Möbel noch freundlicher.

Wenn man sich in Jennys behaglicher Küche genauer umsieht, wird deutlich, dass sie zwar komfortabel ausgestattet ist, dass komplizierte Maschinen oder Hightechgeräte jedoch fehlen. Kein Wunder, denn Jennys wichtigste Küchenhilfe ist das elektrische Rührgerät.

Inbegriff von »cosyness«: die Cottwoldshäuser aus goldgelbem Sandstein (links) und die gemütliche Küche von Jenny und Patrick (rechts).

GRANNY
Love
CLOTH

Traditionelles Zubehör der englischen Landhausküche – Aga und Porzellanspülbecken.

Die erste Küche, an die Jenny sich erinnern kann, ist die ihrer Großeltern in Hampshire, wo sie nach ihrer Kinderzeit in Südafrika mit Mutter und Schwester nach dem Krieg lebte. Diese Küche fand sie gar nicht schön, und das lag weder an dem alten grünen Linoleumboden noch an dem hässlichen grauen Boiler lag, sondern an dem ewigschmutzigen altmodischen Gasherd. Jennys Beitrag zur Küchenarbeit bestand im verhassten Geschirrspülen und im Anstehen vor den Läden. Ihre Großmutter war nach Jahrzehnten in Indien zum ersten Mal in ihrem Leben ohne Dienstboten und tat sich als Hausfrau sehr schwer. Jetzt erst lernte sie kochen, und nichts wollte ihr richtig gelingen. Man kaufte noch auf Lebensmittelmarken ein, und der Großvater baute im Garten hinter dem Haus Gemüse an, das eingeweckt wurde. Auch Hühner wurden gehalten, deren Eier Jenny immer in einer roten Schüssel einsammeln durfte. Sie schüttelt sich bei der Erinnerung an den »eierlosen Kuchen«, ein typisches Nachkriegsrezept, denn dafür wurden die kostbaren Eier nicht geopfert.

Mit siebzehn Jahren absolvierte Jenny einen Kochkurs und nach dem Schulabschluss arbeitete als Hausmutter in einem Internat, wo sie Kinder bis zum zwölften Lebensjahr betreute.

Mittlerweile besaß sie schon ihre erste eigene Küche in einem winzigen strohgedeckten Bauernhaus, in dem einfach ein Teil des Flurs abgetrennt wurde, um einen Herd und eine Spüle unterzubringen. Einen Kühlschrank gab es allerdings nicht, was die Vorratswirtschaft sehr erschwerte.

Bedingt durch den Beruf ihres Mannes sah sie in den folgenden Jahrzehnten viel von der Welt. Mit Schaudern denkt sie an die Kakerlaken in Aden und die Kobras in Malaysia zurück, aber dann schwärmt sie von den Ananas und Bananen, die im eigenen Garten wuchsen, auch wenn man alles zur Desinfizierung vor dem Gebrauch in Kaliumpermanganat spülen musste.

Und mit Grausen erinnert sie sich an die vielen Dinnerpartys, die sie für die Kollegen ihres Mannes geben musste: Die Gäste nippten bereits am Sherry, während sie nach stundenlanger Kocherei rasch die Schürze auszog und völlig erschöpft in ihr Abendkleid schlüpfte.

Nach den vielen Jahren im Ausland zog sie dann in die Nähe von Cheltenham, wo sie nun schon seit fünfzehn Jahren eine ständige Adresse hat – und ein weiterer Ortswechsel ist nicht geplant.

Wegen Patrick oder wegen der Traumküche?

Jenny lacht und verweigert die Antwort.

Patrick schmunzelt.

Vegetarischer Lunch

Möhrencremesuppe

FÜR 6 PERSONEN

500 g Möhren
2 große Zwiebeln
1 EL Butter
750 ml Gemüsebrühe
Salz, Pfeffer, Basilikum, Zitronensaft
100 ml Sahne

- Möhren und Zwiebeln schälen und würfeln.
- Butter im Topf erhitzen und Zwiebeln darin andünsten, bis die Zwiebeln glasig sind.
- Brühe hinzugeben: mit Salz und Pfeffer würzen, aufkochen und dann bei schwacher Hitze ca. 15 Minuten garen.
- Suppe mit Mixstab pürieren. Mit Basilikum und Zitronensaft abschmecken.
- Vor dem Servieren die Sahne in die nicht mehr kochende Suppe rühren.

Pilzrisotto

FÜR 4–6 PERSONEN

250 g Champignons (wenn möglich selbstgepflückte Wiesenchampignons, sonst aus dem Laden)
900 ml Gemüsebrühe
50 g Butter
1 EL Olivenöl
8 Schalotten, feingehackt
275 g Risottoreis (Vialone nano, Carnarolli oder Aborio)
1/2 Glas trockener Weißwein
1/2 Tasse geriebener Parmesan
eine Hand voll klein gehackte Petersilie
Meersalz und Pfeffer

- Gemüsebrühe erhitzen.
- In einem anderen Topf in Butter und Olivenöl bei mittlerer Hitze Schalotten glasig dünsten, die Pilze dazugeben und gut vermischen.
- Den Reis hineinrühren und etwa eine Minute lang gut umrühren, bis die Reiskörner glasig sind.
- Den Wein angießen und rühren, bis er absorbiert ist.
- Dann tassenweise die Gemüsebrühe dazugeben, bis der Reis alle Flüssigkeit aufgenommen hat und gar ist.
- Vor dem Servieren Pfeffer, Salz, Parmesan und Petersilie unterrühren.
- Als Beilage grünen oder gemischten Salat und warmes Baguette.

Apfel-Brombeer-Baisers

FÜR 4 PERSONEN

4 große Kochäpfel
100 g Zucker
500 g Brombeeren
3 Eiweiß
150 g Puderzucker

- Die geschälten, in Scheiben geschnittenen Äpfel in ca. 150 ml Wasser weich kochen.
- Brombeeren dazugeben und noch 2 Minuten kochen lassen, dann in einer feuerfesten Form abkühlen lassen.
- Eiweiß steif schlagen, den Puderzucker sacht unterziehen und mit der Zucker-Eischneemasse die Beeren bedecken.
- Bei 200 Grad im Ofen backen, bis der Eischnee oben fest wird.
- Mit Schlagsahne servieren.

Drei Generationen am Tisch –

Reine und Yves Chadourne

Eine Bauernhofküche

Ein großer Herd war an der einen Seite, umgeben von Regalen mit Gerätschaften, und an der anderen Seite stand ein riesiger gescheuerter Holztisch mit einer Bank und ein paar Stühlen. Auf dem Tisch standen ein Teller mit Salami, eine Flasche Wein und ein Kofferradio …
Elke Heidenreich, Kolonien der Liebe

Die Männer sind alle auf dem Feld und ernten die kostbaren Tabakblätter, die Frauen bereiten derweil das Mittagessen vor.

Die Küche ist geräumig, die einstige Feuerstelle – der große offene Kamin – und der lange Tisch beherrschen den Raum. In ihren angestammten Sesseln sitzen Memée, 86, klein, von Rheumatismus verkrümmt, und Grandpère, 90, dem hin und wieder eine Fliege über die Glatze krabbelt, was er großmütig duldet. Wenn man ihn nach seinem Alter fragt, behauptet er lächelnd, er wäre hundert. Ihr Leben lang haben die beiden schwer gearbeitet und ihre Körper sind davon gezeichnet, doch der Verstand ist oft noch hellwach.

In der Küche herrscht keine Hektik, obwohl heute Mittag dreizehn Leute bekocht werden sollen. Glückszahl oder Unglückszahl? Reine, Memées Tochter und jetzige Küchenchefin, zuckt mit den Schultern: Das kann jeder so halten, wie er will, Hauptsache, ihre dreizehn bei Tisch sind nachher satt und zufrieden.

Katzen spazieren durch die geöffnete Hintertür hinein und hinaus, die Hunde kommen und recken neugierig schnüffelnd die Schnauze in die Luft, werden aber resolut wieder hinausgeschickt: Jetzt wird gekocht. Zwischendurch verschwindet Reine kurz mit Grandpère, um ihm beim Leeren seines Urinbeutels zu helfen, ganz ohne Aufhebens, mit ruhiger Selbstverständlichkeit. Inzwischen deckt Schwiegerenkelin Nathalie den Tisch und bereitet den Apéritif vor: Sie füllt Knabberzeug in Schalen und stellt die Krüge mit Wasser für den Pastis auf den Tisch.

Die Gäste haben Champagner mitgebracht – »santé«! (rechte Seite)

Die Stille vor dem Sturm – gleich kommen die hungrigen Esser (diese Seite).

Es herrscht die Ruhe vor dem Sturm, auf dem Herd simmert die obligatorische Gemüsesuppe, im Backofen schmort der Kaninchenbraten, die Sonne malt helle Kringel auf die bunte Wachstuchdecke auf dem Tisch und bringt den Rotwein in den Karaffen zum Funkeln. Ein letzter Blick: Reine kontrolliert, ob auch alles bereit ist, und da hört man schon Traktorengebrumm. Die Männer sind da, und nun kommen auch Nathalies Eltern Roland und Éliane dazu, die seit ein paar Jahren in einem der Nachbarhäuser wohnen. Auch Nathalie und Philippe, der Sohn von Reine und Yves, wohnen in einem eigenen Haus, doch gegessen wird gemeinsam: mittags und abends bei Reine und Yves.

Das Mittagessen ist in der Regel die opulentere Mahlzeit, deren Reste dann zum Abendessen wieder auf den Tisch kommen, denn abends sind alle sehr beschäftigt – da werden die Kühe gemolken und die anderen Tiere versorgt. Das Kochen muss dann rasch von der Hand gehen.

Yves und Philippe gießen sich und Roland das übliche Glas Ricard ein und knuspern an einem Cracker, Grandpère bekommt auch einen Schluck, und die Frauen nippen an einem Glas Sekt, den die Gäste mitgebracht haben und den sie durchaus zu schätzen wissen.

»Ah, bon«, sagt Yves und nimmt die Serviette vom Teller, denn gerade wird die Suppenterrine auf den Tisch gestellt, Brotkörbe werden herumgereicht und die Gläser voll geschenkt. Alle haben etwas zu erzählen, alle hören zu, niemand dominiert die Runde,

Yves setzt an zum »chabrol«. Hm, lecker! (linke Seite)

es herrscht ein fröhlich-geräuschvolles Miteinander. Löffel klappern, Salzfässchen wandern, Gläser klirren, nun ist nur noch ein Schluck Suppe im Teller. Der wird großzügig mit Rotwein aufgegossen, alle heben den Teller an die Lippen und schmettern »*Chabrol!*«, bevor sie in einem Zug alles wegschlürfen.

»Ahhhh!« Zufrieden wischt Yves sich mit der Serviette über die Lippen und lehnt sich zurück, während die leeren Teller eingesammelt werden. Nathalie holt die Platten mit den Tomatenvierteln und den Hälften hart gekochter Eier, und Reine stellt Schüsselchen mit Vinaigrette auf den Tisch.

Die Tomaten leuchten dunkelrot und schmecken nach Sonne und Sommer, und Roland, Nathalies Vater, wird von der gesamten Tischrunde einmal mehr bestätigt, dass er nicht nur einen grünen Daumen, sondern grüne Hände hat. Denn alles Obst und Gemüse, was hier auf den Tisch kommt, stammt aus seinem Garten, auch die saftigreife Melone, die jetzt serviert und leicht gesalzen gegessen wird. Die Rotweinkaraffen machen wieder die Runde, die Frauen verdünnen sich den Wein mit Wasser. Dann bringt Reine die Platte mit dem Civet: Kaninchen in Rotwein und im eigenen Blut geschmort. Anerkennend schnalzt Yves voller Vorfreude mit der Zunge und drängt die Gäste, sich zu bedienen. Nach ein, zwei Minuten andächtiger Stille, während die ersten Bissen genießerisch gekostet werden, lebt das Tischgespräch wieder auf: Werden sie heute den Rest der Tabakernte einfahren können? Philippe befürchtet, das Wetter könnte rasch umschlagen, Yves wiegt bedächtig den Kopf, und Grandpère schnappt sich rasch noch eine Kaninchenkeule, bevor die Platte wieder weitergereicht wird. Philippe überlegt, dass das Kaninchen noch gestern ganz friedlich in seinem Stall saß und dass die selbst gezüchteten Tiere einfach die köstlicheren sind, während Yves grinst und den Gästen zuzwinkert. »*C'est vrai*«, lautet sein knapper Kommentar – hier hat niemand Angst vor irgendwelchen Tierkrankheiten oder -seuchen. Man lebt in der Hauptsache von dem, was man selbst produziert, und dazu zählen auch solche Köstlichkeiten wie Gänsestopfleber. Die Gänse gehören zu Nathalies Arbeitsbereich und sie meint, es wären glückliche Gänse, denn sie kämen immer freiwillig, um sich von ihr stopfen zu lassen. Sie hätten ein kurzes, aber sehr sattes Leben. Das Tischgespräch dreht sich nun allgemein um die Selbstversorgung. Nein, einkaufen müssten sie nur Salz und Zucker und Brot, fast alles andere gibt es bei Roland im Garten und bei den anderen in ihren Ställen. Reine lächelt zufrieden in sich hinein, und schon sieht ihr schönes ebenmäßiges Gesicht um zehn Jahre jünger aus.

Sie gießt Memée Wasser ins Glas, schiebt ihr den Teller zurecht, bemerkt den leeren Brotkorb und füllt ihn neu, damit alle die Reste der sämigen, dunkelroten Soße auftunken können, während sie

Die Chadournes müssen nur wenig dazu einkaufen: Was sie essen, erzeugen sie selbst.

Der Stolz jeder Hausfrau – das Eingemachte (unten und rechte Seite).

darüber wacht, dass sich alle noch einmal nachnehmen. Sie und Nathalie sind ein eingespieltes Team, von Generationenkämpfen oder Machtgerangel ist nichts zu spüren. Eine fast unmerkliche Geste von Reine und schon räumt Nathalie die Platten mit den Resten des Civet wieder ab, während Reine unter lautem »Ah« und »Oh« der Anwesenden eine neue Platte auf den Tisch stellt: gebratenes Huhn. Die Männer der Familie bedanken sich laut lachend bei den Gästen, denn zwei Fleischgänge während einer Mahlzeit gibt es sonst nicht. Wieder wird vom Vin Rouge nachgeschenkt, den Yves selbst keltert. Dieser kräftige Landwein ist sicherlich nichts für anspruchsvolle Weinkonsumenten, zu Reines deftig-schmackhafter Küche passt er jedoch ausgezeichnet.

Nach dem Huhn wird der Käseteller herumgereicht. Konzentriert, als gälte es eine schwierige Aufgabe zu lösen, sucht jeder aus, was er möchte,und schneidet sich seine Ecken ab. Die der Gäste sind verdächtig klein, sie müssen sich von den Gastgebern fröhlich verspotten lassen: Sind wohl nichts Gutes gewöhnt – eh?

Und wieder räumt Nathalie ab, diesmal auch die Teller. Dann deckt sie die schönen kleinen Dessertteller mit den blauen Winterszenen und holt das, was sie in eigener Regie heute zubereitet hat: den Nachtisch, eine veritable Charlotte, die mit anerkennenden Pfiffen und Bemerkungen begrüßt wird.

Einmal mehr wundert sich Yves laut, warum sein Sohn diese hervorragende Köchin nicht endlich heiratet. Nathalie wird rot und wehrt verlegen ab, während Roland zum x-ten Mal laut bedauert, dass die Enkel am Tisch fehlen. Und seine Frau Éliane stimmt ihm zu: Eigentlich seien die Enkelkinder schon längst überfällig.

Grandpère ist inzwischen über seiner Charlotte eingenickt und wird von Reine nach oben ins Bett gebracht. Auch Memée will ihr Mittagsschläfchen halten und trippelt mit schmerzhaft verdrehtem Oberkörper zur Tür. Den Kaffee zum Schluss braucht sie nicht mehr, ihr Arbeitsleben ist vorbei, sie darf jetzt schlafen, wann immer sie will.

Yves rührt in seiner Tasse und philosophiert über die Arbeit und ihren Nutzen für das Individuum und dass er zwar keine Universitätsbildung habe, dass aber das Leben auch eine Universität sei und da hätte er schon so einiges gelernt, *mais oui*. Und die Nachmittagssonne lässt die Rotweinreste in den Gläsern kurz aufglühen, ein letzter Schluck, dann schieben sich Wolken vor die Sonne.

Heute Abend werden sich alle wieder am langen Tisch treffen und Reine wird sie mit Nathalies Hilfe satt machen. Wie jeden Tag.

Die diesjährige Tabakernte ist fast beendet.

»Erst ein schönes Karnickelleben – dann Civet.«

Mittagsmahl im Périgord

Paté de foie gras

70 % Schweinefleisch
30 % *foie gras*
1 EL Cognac
20 g Salz pro Kilo Fleisch
Pfeffer

- Das Fleisch durch den Fleischwolf drehen, salzen und Cognac unterrühren.
- Die *foie gras* pfeffern.
- Den Boden eines Einmachglases mit Fleisch bedecken, den Block *foie gras* mitten darauf stellen und alles mit dem restlichen Fleisch auffüllen und bedecken.
- Das Einmachglas schließen und 2½ Stunden sterilisieren.
- Mit Monbazillac servieren.

Civet vom Kaninchen

FÜR 6 PERSONEN

1 Kaninchen (ca. 3 Kg)
1 große Zwiebel
3 Lorbeerblätter
Salz
Pfeffer
3 EL Mehl
3 Flaschen Rotwein aus dem Bergerac
3 Knoblauchzehen
250 g Speck

- Das Kaninchen schlachten und sein Blut auffangen.
- Kaninchen zerteilen und mit Salz und Pfeffer einreiben.
- Mit der Zwiebel und dem Lorbeer in einen großen Kochtopf legen und rundherum anbraten.
- Das Mehl mit dem Rotwein verrühren, das Kaninchenblut dazugeben und zum Fleisch gießen.
- Aufkochen lassen und dann 1½ bis 2 Stunden lang bei kleiner Hitze schmoren.
- Zum Schluss den klein geschnittenen Knoblauch und den Speck hinzufügen und noch einmal aufkochen lassen.
- Baguettescheiben mit Knoblauch bestreichen und grillen. Zu dem Civet reichen.
- Wenn man das Civet am Vortag zubereitet und aufwärmt, schmeckt die Soße noch besser.

Charlotte à la framboise

FÜR 6–8 PERSONEN

¼ l Milch
1 P. Vanillezucker
50 g Zucker
2 Eigelb
8 Blatt weiße Gelatine (oder entsprechende Menge gemahlene Gelatine: 1 P. entspricht 6 Blatt)
¼ l Sahne
25 g Zucker
200 g Löffelbiskuits
500 g Himbeeren oder Erbeeren
eventuell Zitronensaft
Schlagsahne zum Verziehren

- Milch mit Vanillezucker aufkochen, Topf vom Herd nehmen.
- Zucker und Eigelb ca. 5 Minuten schaumig rühren, dann unter die Milch ziehen.
- Eingeweichte, ausgedrückte Gelatine in die warme Masse rühren, erkalten, aber nicht steif werden lassen (häufig umrühren).
- Die Hälfte der Beeren im Mixer pürieren, die andere Hälfte klein schneiden (Himbeeren halbieren), unter die Creme ziehen und bei Bedarf mit Zitronensaft abschmecken. Sahne mit Zucker steif schlagen, ebenfalls unterziehen.
- Eine hohe Puddingform mit halbierten Löffelbiskuits auslegen (Schnittseite nach innen). Creme einfüllen und etwa 2 Stunden kühl stellen, dann (können Mutige die Charlotte stürzen und) mit Schlagsahne verzieren.

Küche als Gesamtkunstwerk –
Corinne und Arturo Cuéllar
Eine Chaletküche

Ein tiefes Spülbecken aus Sanitärkeramik reichte ein Stück weit unter das Fenster bis dorthin, wo von dem kleinen Vorplatz aus eine Treppe zur Straße emporführte. Weiß-blaue Delfter Kacheln bedeckten die Wand über dem Spülbecken und die zwischen den Schränken sichtbaren Wandflächen. Alexas Handwerkszeug war auf den ersten Blick zu sehen: ein dickes Schneidbrett, eine Reihe kupferner Kasserollen, eine Marmorplatte zum Ausrollen von Teig.

Rosamunde Pilcher, September

In den Stadthäusern der Jahrhundertwende musste man meist in das Souterrain hinabsteigen, um in die Küche zu gelangen. Zu Corinne Cuéllars Küche muss man dagegen mit einer Seilbahn tausend Meter hoch auf den Berg fahren. Schon nach wenigen Minuten Fußmarsch hat man dann das Ferienhaus der Familie erreicht: Eingehüllt in ein Gewand aus braunen Schindeln schmiegt es sich an den Hang – und war früher einmal ein Übernachtungsheim für Skifahrer und Wanderer.

Doch wer nun eine simple Hüttenküche erwartet, sieht sich getäuscht: Fünf lange Jahre hat die österreichische Künstlerin Raja Schwahn-Reichmann gewirkt, um hier ein einmaliges Küchenkunstwerk zu schaffen, und sie hat taschen- und tütenweise die Produkte von ihrer Werkstatt aus Wien auf die Rigi geschleppt. Die Herdnische und die Umrandung der Spüle sind nämlich mit handgemalten Kacheln verziert, die vor Originalität, Witz und Hintersinn nur so sprühen. Die aufgemalten Rezepte wie etwa das von der berühmten »Wiener Hofsuppe« (die nach durchtanzten Nächten die Lebensgeister wieder aufrichten helfen sollte), die lustvoll schmausenden Götter und Göttinnen, die »heimlich« eingefügten Porträts von Kindern und Katzen – alle haben sie eine Geschichte aus den Jahren der Freundschaft zwischen Corinne und Raja.

Schon seit ihren Studienzeiten an der Wiener Kunsthochschule kennen sich die beiden, und auch die Ehemänner sind seit damals

Corinne und Arturo mit Raja (links), der Schöpferin der Kacheln (linke Seite).

Das Rezept der »Wiener Hofsuppe« zur Aufrichtung müder Geister (links).

Gemalte Gäste in Lebensgröße feiern mit (links und rechte Seite).

Corinne muss Holz nachlegen (links).

miteinander befreundet. Und so entstand nach dem Blitzkauf des Chalets der gewagte Plan, das Ferienhaus überall mit Rajas Kacheln zu schmücken – die Küche, die Toilette, das Badezimmer, die Dusche und das römische Tauchbad neben der Sauna.

Dass eine Küche für Corinne einmal solch eine Bedeutung erlangen würde, hatte ihr niemand an der Wiege gesungen: Ihre Mutter war als Autorin von Künstlerbiografien viel zu beschäftigt, um selbst zu kochen. Dafür gab es die Köchin, Maria aus Österreich, und die verstand sich vor allem auf Mehlspeisen.

Corinne und ihre drei Geschwister saßen oft in der warmen behaglichen Küche und sahen Maria beim Arbeiten zu. Sobald die Eltern verreist waren, bestimmten die Kinder den Speiseplan und Maria bereitete für sie ihre süßen Lieblingsessen zu wie Buchteln mit Vanillesoße und Nockerln. Noch heute gehören für Corinne die Mahlzeiten, die Maria damals kochte, zu den schönsten Erinnerungen an ihre Kindheit. Marias Rezepte für Knödel, Dampfnudeln, gezogenen Apfelstrudel, Spätzle und Beuschel (Haschee aus Lunge und anderen Innereien) hütet sie deshalb wie einen Schatz.

Aus dem zuschauenden Kind wurde im Laufe der Jahre Marias Hilfsköchin, die selbst stolz den Schneebesen schwang und ihre erste Zabaglione schlug – und schon bald konnte sie ein komplettes Menü zubereiten.

Bereits damals genoss sie, was ihr auch heute noch große Freude macht: im Beisein vieler zu kochen oder es gemeinsam zu tun, wobei sie dann gern die Regie übernimmt und alles koordiniert. Auch Arturo, Corinnes kolumbianischer Mann, konnte sich dem nicht entziehen, er wurde »gourmefiziert«, wie er es augenzwinkernd nennt. Denn er, für den bis dahin das Kochen eine eher unwichtige Tätigkeit war, beteiligte sich nun immer häufiger an den Vorbereitungen und machte schließlich sogar mit. Heute ist er unentbehrlich, wenn es gilt, die Rösti in der schweren Riesenpfanne zu stürzen – ein Unternehmen, das nicht nur Kraft, sondern auch Mut erfordert. Die Rösti werden im Chalet auf dem alten, mit Holz beheizten Bauernherd gebraten, den Raja seinerzeit in Österreich entdeckte und der jetzt in seiner Nische so aussieht, als habe er schon immer dagestanden.

Falls Corinne im Hinblick auf eine Menüplanung in Verlegenheit kommt, dienen ihr als Gedächtnishilfe die Dessertrezeptesammlung und das handschriftliche Kochbuch aus dem Familienerbe – »da steht alles drin, was mir schmeckt!« –, sowie natürlich Marias Rezepte aus ihrer Kinderzeit. Falls das nicht reicht, greift

Die Rösti wurden erfolgreich gestürzt.

Ein wohlgenährter Bacchus schlemmt mit.

Die Mäuse tanzen der Katze auf der Nase herum.

sie auf den Kochbuch-Klassiker von Elisabeth Fülscher zurück, mit dessen Hilfe schon viele Schweizerinnen das A und O der Kochkunst lernten.

Die für Corinne zum Kochen unentbehrlichen Kräuter und Gemüse wachsen im Garten hinter ihrem zweiten Domizil, einem Zürcher Haus, das mitten in der Stadt oberhalb eines Weinbergs steht. Das ehemalige Landgut hat eine honorige Geschichte, denn darin wohnte seinerzeit der Schriftsteller Gottfried Keller. Doch auf Arturo übt vor allem der bis heute bewirtschaftete Weinberg eine besondere Faszination aus, dessen Riesling- und Sylvanerstöcke jährlich immer noch ungefähr tausend Flaschen Wein füllen.

Für das tägliche Kochen fehlt der dreifachen Mutter, viel beschäftigten Kunsthändlerin und Malerin Corinne Cuéllar die Zeit, dafür gibt es seit sieben Jahren die von der Familie heiß geliebte Fernanda, die zunächst sehr portugiesisch kochte. Doch im Laufe der Zeit übernahm sie immer mehr von Corinnes Rezepten, sodass mittlerweile kaum noch festgestellt werden kann, wer von beiden heute den Kochlöffel geschwungen hat.

Etwa zwei- bis dreimal im Monat verschicken Corinne und Arturo Essenseinladungen, bei denen auch Kinder gern gesehen sind. Viele fröhliche Menschen rund um den großen Esstisch, ein exzellenter Tropfen im Glas und liebevoll zubereitete Speisen – das ist für das Paar Lebenskunst pur. Ob Austern oder Erbsensuppe, ob raffinierte Soßen oder schlichte Polenta: Hauptsache, es schmeckt. Die Begeisterung für die Vielfalt der Gaumenfreuden verbindet die beiden mit ihren Gästen, die sich gern die Mühe machen und die versteckte Einfahrt zum Zürcher Haus oberhalb des Weinbergs suchen oder mit der Gondel den steilen Berg zum Chalet hochfahren: Es lohnt sich immer.

1983
J137
CHEVELLE

Hüttenschmaus

Ente kolumbianisch mit Rösti

Für 4–6 Personen

4–6 Entenbrüstchen
2 Broccoli
Maracujasauce (Passionsfrucht) aus frischen Früchten (ohne Kerne, wie dünne Marmelade hergestellt)
1,5 Kg feste Kartoffeln, nicht ganz gar gekocht, schälen und mit der Röstiraffel raffeln
ca. 40 g Butter und 6 EL Olivenöl für die Rösti bereithalten

Für die Morchelsauce:

2 Zwiebeln
10–20 g getrocknete Morcheln
Lorbeer
Muskat
1 Glas Weißwein
1 dl Bio-Sahne

- Entenbrust vor allem auf der Fettseite salzen. Langsam auf dem Kohlegrill, hoch über der Glut, garen. Besonders die Fettseite zuletzt noch einmal lange knusprig werden lassen.
- In der Zwischenzeit 1–2 große Rösti-Pfannen (möglichst aus Gusseisen) mit der Hälfte des Butter- und Olivenölgemischs heiß werden lassen und die geraffelten Kartoffeln in die Pfanne geben. Gut salzen und auf nicht zu großem Feuer *langsam* braun werden lassen.
- Mit Hilfe eines Pfannendeckels stürzen und noch einmal mit dem Butter- und Olivenölgemisch in die Pfanne geben, *langsam* auf der anderen Seite bräunen.
- Die fein gehackten Zwiebeln braun rösten, mit 2,5 dl Wasser ablöschen, Zwiebeln absieben und entfernen.
- 1 Lorbeerblatt und die Morcheln 15 Minuten im Zwiebelwasser kochen.
- Weißwein beigeben und zum Schluss die Sahne dazumischen.
- Broccoli vierteln und *al dente* kochen.
- Alles anrichten und die kalte Maracujasauce separat dazu servieren.
- Wir haben dazu einen Château Cheval Blanc 1962 getrunken, ansonsten nimmt man einen wunderbaren Wein nach eigener Wahl.

Buchteln

Für den Teig:

500 g Mehl
25 g Hefe
50 g Zucker
abgeriebene Schale einer Zitrone
¼ l lauwarme Milch
1 Ei
1 Prise Salz
70 g Margarine
etwas Mehl zum Ausrollen

Für die Füllung:

125 g Pflaumenmus
100 g Butter zum Bestreichen
Margarine zum Einfetten

- Mehl in eine Schüssel geben, in die Mitte eine Mulde drücken, dort Hefe hineinbröseln. 1 TL Zucker und die Zitronenschale dazugeben. Mit etwas Mehl und Milch verrühren, dann 20 Minuten gehen lassen.
- Restliche Milch, Ei, Salz und Margarine in kleinen Flöckchen dazugeben und gut verkneten, bis der Teig Blasen wirft. Nochmals 30 Minuten gehen lassen, bis sich der Teig verdoppelt hat.
- Den Teig auf einer bemehlten Fläche etwa 2 cm dick ausrollen. In Quadrate von 10 cm Seitenlänge schneiden. Ergibt ca. 15 Buchteln.
- In die Mitte jeden Quadrats 1 TL Pflaumenmus geben, anschließend gut zusammenklappen. Rundherum mit zerlassener Butter bestreichen. Dicht nebeneinander in eine gefettete Auflaufform setzen. Nochmals 20 Minuten gehen lassen.
- Bei 200 Grad eine gute halbe Stunde backen.
- Dann mit Puderzucker bestäuben und heiß servieren, am besten mit Vanillesoße (aus der Tüte).

Immer mobil –

Johannes Domin

Die Kofferraumküche

Grauer Rauch wirbelte aus dem kurzen Ofenrohr, wirbelte hoch in die Luft, bevor er in die Breite zerfloss und zerrann (…) Ich war jetzt ganz nahe und konnte den Geruch von schmorendem Schinkenspeck und heißem Brot wahrnehmen, die anheimelndsten, angenehmsten Düfte, die ich kenne.

John Steinbeck, Das Frühstück

Eine freundliche Wintersonne scheint auf den alten Ziegelschuppen, am Zaun stehen Schafe und schauen neugierig zu dem kleinen Auto hinüber, dessen geöffneten Kofferraum man in der offenen Schuppentür sehen kann.

Denn dort tut sich was: Da steht ein Mann in warmer Winterjacke und öffnet die Tür eines kleinen kompakten Herdes, der im Kofferraum steht. »Mmmmmhm«, sagt Johannes Domin und zieht genießerisch den Duft ein, der ihm aus dem Backofen entgegenweht. »Nun kann es nicht mehr lange dauern!«

Sein Freund Jakob, der Gast bei diesem kühlen Mahl im Freien, hat inzwischen die Pellkartoffeln gepellt, die nun in die zerlassene Butter zurück auf den Herd kommen.

Dann setzt Jakob sich an den mit weißem Leinen gedeckten Gartentisch und nimmt schon mal einen Probeschluck aus dem Weinglas. Die Temperatur ist perfekt, bei sechs Grad Celsius braucht man die Flasche auch nicht mehr zu kühlen. Jetzt ist es so weit: Johannes bringt die mit Alufolie sorgsam verschlossene Auflaufform aus dem Ofen und holt dann die Kartoffeln.

Schweigend schaufeln sich die beiden Männer zuerst den köstlich duftenden Seelachs mit Speck, Kräutern und Zwiebeln auf ihre Teller, danach die Kartoffeln und stoßen schließlich an. Das Mahl im Hinterhof mitten im Dezember hat begonnen.

Frische Luft macht immer Appetit (rechte Seite).

Den kleinen Herd mit Backofen – etwa doppelt so groß wie ein Puppenherd – besitzt Johannes schon seit mehr als zwanzig

Der ständige Begleiter im Kofferraum – ein Miniherd (links und linke Seite).

Nichts geht über die eigene Unabhängigkeit! (rechts)

Jahren, übrigens ein Modell aus der ehemaligen DDR. Der Platz des Herdes ist immer im Kofferraum: als Inbegriff von Unabhängigkeit und Selbstversorgung. So hat er mit seinem Besitzer schon Tausende von Kilometern zurückgelegt, er war in Mexiko, Kuba und vielen Ländern Europas, denn Johannes ist ein unruhiger Geist, der sich auf nichts festlegen möchte, der seine Berufe immer wieder wechselte und Neues wagte.

Einfach nur hinter einer Ladentheke zu stehen, wäre nie seine Sache gewesen, und neue Herausforderungen nahm und nimmt er gern an. So kam es, dass er in den 1970er Jahren zwei Jahre lang die eine Seite einer Straße in Wuppertal »besaß«, während die andere einem Freund »gehörte«. Gemeinsam renovierten sie die vom Abbruch bedrohten Häuser und richteten darin Läden ein. »Da hatte ich zum Beispiel einen Waschsalon, da war das Waschen umsonst, aber der Cappuccino kostete fünf Mark, und einen musste man mindestens trinken. Da war es immer gerammelt voll. Und weil ich morgens für den Gemüseladen immer schon um vier auf den Großmarkt musste, wollte ich meine Kunden auch ans frühe Aufstehen gewöhnen und machte den Laden nur von 8.00 bis 10.00 Uhr auf – aber danach waren wir eh meistens ausverkauft. Wir kämmten nämlich sogar das Kraut von den Möhren, damit es schön aussah! Und als ich mein Bistro aufmachen wollte, waren da jede Menge Leute vom Theater, Pina Bausch und andere, und auf einmal fängt der Koch an zu spinnen, und da haben wir ihm die Kochmütze weggenommen und ihn vor die Tür gesetzt. An dem Abend gab es nur Spiegeleier, zwei Stück, mit einer ganz schmalen Scheibe Schinken, und meine Spezialkartöffelchen, und keiner hat gemeckert, nicht einer. Und am nächsten Tag haben wir die Spiegeleier gleich auf die Speisekarte gesetzt, aber jetzt kosteten die nicht mehr sechs fuffzig, sondern mindestens fünfundzwanzig Mark!«

Doch zu seinem eigentlichen Metier fand der Mann, der am liebsten Schauspieler geworden wäre, dann hinter der Kamera: Als Filmausstatter war er Spezialist für die 1930er Jahre. In zwanzig riesigen Lagerhallen, verstreut über Europa und Afrika, hortet er noch heute seine Schätze: Kleidung, Möbel, Küchengerät, Geschirr …

Seine Arbeit als Ausstatter führte ihn oft weit weg von Hamburg und brachte ihn dann auf den Dreh mit der Miniküche im Auto. Johannes verabscheut das Essen von Catering-Firmen, und so blieb ihm nur die Möglichkeit, selbst für sein leibliches Wohl zu

Klappe auf und hinein damit in den Backofen.

sorgen. Das kommt auch seinem Lebensrhythmus am nächsten, denn feste Essenszeiten mag er nicht. Wie er überhaupt immer gegen starre Regeln Sturm gelaufen ist. Schon dem Achtjährigen war jede Form von Zwang zuwider: Nur zwei Jahre dauerte sein offizieller Schulbesuch – »die Lehrerin hatte einen Wahnsinnsbusen, aber als sie weg war, wollte ich nicht mehr, es war so schrecklich langweilig.« Lesen und Schreiben brachte er sich später selbst bei und statt in die Schule zu gehen, konnte Johannes schon mit elf Jahren Bagger fahren.

Aus dem Nicht-Schulbesucher wurde ein Lebenskünstler ohne Diplom, der während seiner vielen Auslandsaufenthalte auch auf den Geschmack kam, was gutes Essen betraf. Er brachte sich das Kochen bei, doch eine richtige Küche besitzt Johannes erst seit wenigen Jahren – in seinem mallorquinischen Ferienhaus in Bunyola. Dort sei es so schön, dass er von seinen Gästen bei der Ankunft ein schriftliches Versprechen verlange, dass sie an einem bestimmten Datum auch wieder abreisen, denn »denen fallen sonst tausend Gründe ein, wie sie den Aufenthalt noch verlängern können!«

Ein Auto, ein Herd, eine Kabelrolle – »irgendjemand lässt mich immer für'n Zwanziger 'n bisschen Strom abzapfen« – und ein Koffer mit Geschirr und dem notwendigsten Küchengerät – »bei mir gibt es immer ein ordentliches Tischtuch, und wenn es ein Bettlaken ist, und niemals irgendwas aus Plastik« –, daraus besteht seine Küche.

»Dieses Auto und meine Küche sind meine Freiheit«, sagt Johannes und zwirbelt sich zufrieden den Schnäuzer. »Und wenn ich Lust darauf habe, pack ich jetzt alles ein und fahr damit nach Mallorca oder nach Mexiko oder wohin ich gerade will.« Er zwinkert verschmitzt. »Vielleicht noch heute Abend.«

In Gesellschaft schmeckt es noch mal so gut.

Pandamenü

Käsecreme-Sandwiches

Für 4 Personen

1 Baguette oder Sauerteigbrot
250 g Frischkäse
1 Eigelb
1 sehr feingehackte Schalotte
Salz, Pfeffer

- Zutaten miteinander verrühren, auf frisch geröstete Baguette- oder Sauerteigbrotscheiben streichen.
- Anstelle der Zwiebeln oder zusätzlich mit ½ TL Paprika und Cayennepfeffer unterrühren.
- … oder mit Kräutern (Schnittlauch, Petersilie, Kresse, Kerbel, Dill) oder mit einer Mischung aus vielen verschiedenen Kräutern verrühren.
- … oder mit 2 TL Sahnemeerrettich, 1 Prise Salz und 1 Prise Zucker verrühren.

Seelachs auf Speck

Für 4 Personen

800 g Seelachs (pro Person ca. 200 g)
4 Zitronen
1 Kg Tomaten
1 Kg Kartoffeln
250 g durchwachsenen Speck
5 Zwiebeln
1 Bund Petersilie
1 EL Butter

- Seelachs mit Zitronensaft beträufeln und 10 Minuten durchziehen lassen.
- Inzwischen Speck und Zwiebeln würfeln und braten und in einen Fischbräter oder Auflaufform geben.
- Seelachs salzen, pfeffern und auf die Speck-Zwiebel-Mischung legen.
- 4–5 Tomaten halbieren und dazulegen.
- Darüber den Bund Petersilie breiten und darauf die restlichen, in Scheiben geschnittenen Zitronen legen.
- Im vorgeheizten Backofen bei mittlerer Hitze garen.
- Kartoffeln mit Schale kochen, pellen und mit den restlichen, je nach Größe in Hälften oder Achtel geschnittenen Tomaten in der Butter bei kleiner Hitze schmoren lassen.
- Zusammen mit dem Fisch servieren.

Nordische Bratäpfel

Für 4 Personen

4 Äpfel (Boskop)
Margarine zum Einfetten
8 EL Preiselbeermarmelade
20 g Butter
4 EL Zucker

- Backofen auf 220 Grad vorheizen.
- Äpfel waschen und trocknen. Kerngehäuse ausstechen. Auf ein gefettetes Backblech setzen. Jeden Apfel mit 2 EL Preiselbeermarmelade füllen.
- Auf jeden Apfel ein Butterflöckchen setzen.
- Ca. 25 Minuten braten. Mit Zucker bestreuen und servieren.

COMPLETE ITALIAN
SICILIAN COOKERY

Alles auf einen Tisch – Vera Hartmann Eine Allroundküche

Er (...) traf Friederike, die vor einer Küchenlampe saß und, ein an den Fuß der Lampe gestelltes Tintenfass dicht vor sich, in ihrem Wirtschaftsbuch schrieb (...) So viel sich bei dem herrschenden Halbdunkel erkennen ließ, war in der Küche rundum alles in guter Ordnung ...

Theodor Fontane, Die Poggenpuhls

Noch zehn Minuten und man wäre mitten in Amsterdam, aber kurz nach dem Verlassen der Autobahn breiten sich scheinbar endlos weite, von kleinen Kanälen durchzogene Weideflächen aus: von Großstadt keine Spur mehr. Dort haben sich Vera Hartmann und ihr Mann John ihr Traumhaus eingerichtet.

»Hier bleiben wir«, erklärt Vera. »Das ist ideal: Wohnen kombiniert mit Arbeiten, Platz für uns und die Hunde und den Kater und natürlich für unsere Enkel, die wir möglichst oft sehen. Aber der wichtigste Raum ist die Küche.«

Dass der Raum für sie einmal so wichtig werden würde, hätte sich Vera als Kind nie träumen lassen. Ihre Mutter betrachtete das Kochen nur als lästige Pflicht, von Genuss und Freude war da nichts zu spüren. Veras Kochlust setzte erst mit einem magischen Datum in ihrem Leben ein: Als sie sich mit elf Jahren zum ersten Mal verliebte – in ihren späteren Mann John. Dessen Mutter verwöhnte ihre Familie gern mit köstlichen Gerichten, und so war es auch kein Wunder, dass der künftige Gatte sich wünschte, auch in der Ehe bekocht zu werden. Vera glaubt noch heute, dass sie sich in sein Herz kochte, als sie ihn mit ihrem ersten Risotto und einer üppig beigemengten Dosis Chili zum Weinen brachte.

Am Küchentisch schreibt Vera ihr Rezept für uns auf (linke Seite).

Schon bald nach der Hochzeit fanden die gelernte Kosmetikerin und der Friseur zu ihrem jetzigen Beruf: Inzwischen besitzen sie als Mulberry-Importeure sieben Läden für Inneneinrichtung und Bekleidung, in denen dreißig Angestellte arbeiten.

Dekorative alte Sodaflaschen schmücken das Fensterbrett.

Keine Mahlzeit ohne Kräuter und Knoblauch.

Aus England importiert: der Aga.

Kein Wunder, dass Vera in den Aufbaujahren keine Zeit zum Kochen fand. Mit Mann und Tochter aß sie meist in Restaurants, doch war das auf die Dauer höchst unbefriedigend.

Die nächste Wohnung hatte zwar eine richtige Küche, nach einem Brand in dem Restaurant unter ihnen flüchteten die Hartmanns aber vor dem Gestank aufs Land. Hier konnte Vera nun endlich ihre Vorstellungen von einer Traumküche verwirklichen: Zusammen mit John schuf sie eine gelungene Kombination aus modernen Einbaumöbeln und Antiquitäten, aus Schönem und Nützlichem, aus Überflüssigem und Praktischem.

»Wir planen immer alles gemeinsam, obwohl wir dauernd dabei streiten …« Sie lacht. Die Küche ist nicht nur die Zuflucht am Ende eines jeden Tages, sondern auch eine Art Ausstellungsraum: das Geschirr, die Tischwäsche und viele andere Accesoires führen die Hartmanns auch in ihren Läden.

Nach einem langen Tag entspannt das Kochen bei Kerzenschein.

Immer ist es der Höhepunkt ihres Tages, wenn sie sich nach der Rückkehr aus der Amsterdamer Innenstadt ein Glas Wein einschenkt und mit den Vorbereitungen zum Kochen beginnt. Das beruhigt und entspannt, sie schwelgt in der Vorfreude auf den kommenden Genuss. Schön ist es auch, während der Vorbereitungen zu plaudern. Dann sitzen die Gäste in der geräumigen Küche am großen Tisch, trinken ihren Apéritif, und Vera kann sich Zeit lassen.

Der große Tisch, den sie aus Asien mitbrachten (»Da war er wahrscheinlich ein Bett für mindestens drei Leute!«), ist nicht nur der Mittelpunkt der Küche, sondern des geselligen Lebens der Hartmanns überhaupt, ja eigentlich ist er der Mittelpunkt des ganzen Hauses. An ihm wird nicht nur getrunken und gegessen, sondern auch gearbeitet, geschrieben, geplant – und gestritten. Er bietet Platz für so vieles: Bücher- und Zeitschriftenstapel, Leuchter, Lampe, Stifte, die Agenda und allerlei Kleinkram, den Vera sammelt. Dazwischen steht ein silberner Teller mit kleinen Muscheln. Mit liebevollem Lächeln streichelt sie die kleinste Muschel: die hat John ihr als Elfjähriger geschenkt. Seither sucht er auf allen Reisen nach einer Muschel für sie, und die will sie immer sehen können. Außer Muscheln sammelt Vera aber auch Silberleuchter, Engel, Steifftiere und als Reverenz an ihre Hausgenossen auch Dackelfigürchen, die sie auf Flohmärkten und in Antiquitätengeschäften findet. Sie liebt alles, was ein bisschen *quirky* ist – schrullig, ausgefallen –, und es darf nicht zu neu oder zu glänzend sein. Meistens sind es Dinge, die eine Geschichte haben, ein Stück gelebtes Leben repräsentieren.

Mindestens fünfmal pro Woche greift sie zu ihren liebsten Küchengeräten, dem hölzernen Kochlöffel und dem scharf geschliffenen Messer, und werkelt in ihrer Traumküche. Das Schneiden von Zwiebeln und anderem Gemüse oder von Kräutern ist für sie ein sinnliches Vergnügen. Deshalb benutzt sie elektrische Küchengeräte nur sehr selten (»höchstens für solche Sachen wie Pesto oder Majonnaise«). Sie liebt Kochbücher und besitzt eine große Sammlung – darunter ein Spezialkochbuch für den Aga! –, doch wie so viele leidenschaftliche Köchinnen und Köche lässt sie sich davon eher inspirieren, als die Rezepte genau nachzukochen.

Sie schätzt vor allem die italienische Küche wegen ihrer starken Aromen und den vielen Kräutern, denn sie ist ein »Nasenmensch«. Deshalb stehen Knoblauch, Trüffel und *Herbes de Provence* ganz oben auf ihrer Favoritenliste – schon beim Betreten eines Restaurants kann sie »erschnüffeln«, ob einer der Gäste ein Gericht mit Trüffeln isst.

Bei den Reisen durch südeuropäische Länder findet sie es wunderbar, dass man – notfalls auch per Zeichensprache – in die Küche der Gasthäuser gebeten wird, um sich sein Essen an Ort und Stelle auszusuchen. Die dort selbstverständliche Verbindung zwischen Essen und Feiern, zwischen Genuss und Alltag gefällt ihr, und genauso hält sie es auch in ihrer eigenen Küche: Abends ein Glas Wein und dann für zwei oder mehr Esser schnippeln, schmurgeln, köcheln und brutzeln – das ist nach einem langen, anstrengenden Arbeitstag die reine Erholung.

Griechisches Menü zwischen Grachten

Griechische Bohnensuppe

Für 4–6 Personen

500 g weiße Bohnen
1 Tasse frische Tomaten (oder aus der Dose)
2 Zwiebeln
½ Selleriestange
2 Stängel Petersilie
3 kleine Karotten
½ Tasse Olivenöl
1½ TL Salz
Pfeffer

- Bohnen waschen und über Nacht mit kaltem Wasser bedeckt einweichen.
- Vor dem Kochen abgießen und mit 8 Tassen kaltem Wasser aufsetzen, zum Kochen bringen und dann auf kleiner Flamme 1 Stunde köcheln lassen.
- Zwiebeln, Sellerie, Petersilie fein hacken, Karotten in Scheiben schneiden und zusammen mit den restlichen Zutaten in die Suppe geben und so lange weiter köcheln lassen, bis die Bohnen und das übrige Gemüse gar sind.
- Kräftig abschmecken. (Kann mit Paprika, Petersilienwurzel, Lorbeer und pikanter Wurst ergänzt werden.)

Lammkeule in Marsala

Für 6 Personen

eine schöne Lammkeule von ca. 2 Kg
6 Zweige Rosmarin
4 Knoblauchzehen
2 große Karotten
4 Stangensellerie
Petersilie
6 getrocknete Tomaten
1 Glas Marsala (oder mehr)
400 ml Fleischbrühe
Meersalz
frisch gemahlener schwarzer Pfeffer
4 EL Öl

- Den Backofen auf 180 Grad vorheizen.
- Die Lammkeule mit Knoblauch einreiben, mit einigen Zehen und den Rosmarinzweigen spicken.
- In einem Bräter Öl erhitzen, das Fleisch von jeder Seite ca. 10–15 Minuten langsam anbraten.
- Marsala angießen, dann die Fleischbrühe, die Karotten, den Stangensellerie und die getrockneten Tomaten dazugeben, mit Salz und Pfeffer würzen.
- Ca. 4 Stunden schmoren lassen.
- Mit Salzkartoffeln und grünen Bohnen servieren.

Süße Käsepastetchen

Für 6 Personen

Für den Teig:
4 Tassen Mehl
4 EL Olivenöl
1 TL Salz
¾ Tasse Wasser

Für die Füllung:
450 g Hüttenkäse
1 Ei, verschlagen
½ TL Zimt
1 TL Zitronenschale
2 EL Zucker
Öl zum Ausbacken
Zucker und Zimt

- Aus Mehl, Olivenöl, Salz und Wasser einen festen Teig kneten und bedeckt eine Stunde ruhen lassen.
- Hüttenkäse mit Ei, Zimt, Zitronenschale und Zucker verrühren.
- Den Teig auf einer bemehlten Arbeitsfläche knapp 1 cm dick ausrollen und in Plätzchen von ca. 7 cm Durchmesser (Wasserglas) ausstechen.
- 1 EL der Käsemischung auf jedes Plätzchen geben, die Ränder anfeuchten, zusammenfalten und gut verschließen, indem man die Kanten mit einer Gabel zusammendrückt.
- In sehr heißem Öl goldbraun ausbacken. Mit Zucker und Zimt bestreuen und noch heiß servieren.

Das Herz des Hauses – Eine Familienküche

Julia Herrenberger und Karsten Hensel

Auf dem weißen Tischtuch flackern zwei Kerzen. In der Mitte des Tisches ein frischer Blumenstrauß und eine Schale mit nach Gewürzen duftendem Blüten-Potpourri (...) Wir fühlen uns wohl, ganz unter uns und mit warmen Füßen ... so gemütlich.

Pascal Hugues, Deutsches Glück

»Genau das ist es!«, dachten Julia Herrenberger und Karsten Hensel, als sie vor acht Jahren mit ihren Söhnen Jakob und Moritz aus Berlin nach Potsdam kamen und sich das inserierte Haus ansahen. »Total verrückt! Wie eine Wabe!«

Das sechseckige Haus hatte einen ebenfalls sechseckigen großen Mittelraum, um den herum die kleineren Zimmer lagen – und nirgendwo ein rechter Winkel! Keine Frage, dass der große Innenraum die Wohnküche werden sollte, in der sich der Hauptteil des Familienlebens abspielen würde.

So hatte es Julia Herrenberger auch schon als Kind erlebt, da war das von der Küche abgetrennte Esszimmer für die Familie ebenfalls immer der wichtigste Ort im Haus gewesen. Bereits mit siebzehn Jahren zog Julia von zu Hause aus, und obwohl ihre erste Küche hässlich und unpersönlich war, fand sie es wunderbar, für sich und andere zu kochen. Nachdem Julia und Karsten dann zusammengezogen waren, entstand ein wichtiges Ritual: Sie bekochten sich abwechselnd, gewissermaßen ein Akt der Zärtlichkeit.

Während eines langen Urlaubs in Italien entdeckten sie eine ihnen bisher unbekannte Küche: Neue Gerichte, neuer Geschmack – sie schwelgten in Tomaten, Basilikum und Mozzarella ... das wollten sie in Zukunft nicht mehr missen. Gleich nach der Rückkehr besorgten sie sich ein italienisches Kochbuch, und seither kochen sie meistens italienisch, was auch den Söhnen

Die Kleinen arbeiten und die Großen schauen zu (rechte Seite).

LORENA
ACETO
BALSAMICO
DI MODENA
Pomito
PASSIERTE TOMATEN
parmalat

gefällt, denn Jakobs und Moritz' Lieblingsgericht ist wie bei den meisten Kindern: Spaghetti und Tomatensoße.

In dem neuen Potsdamer Zuhause sollte nun also in der Traumküche ihre Vorstellung von einem fröhlichen, genussvollen Familienleben Wirklichkeit werden: ein Raum als Mittelpunkt für alle zum Kochen, Essen und Reden; zum Arbeiten, Spielen und Schlafen kann man sich in die kleineren Zimmer rund um die Küche zurückziehen.

Über den vormaligen Zweck des originellen Gebäudes aus den 1930er Jahren wurde bisher viel gerätselt: Angeblich ist es von Bayern nach Berlin transportiert worden, es soll eine anthroposophische Schule gewesen sein oder ein Restaurant. Für Letzteres spricht jedenfalls eine massive gemauerte Eiskammer im Keller, die heute von der Familie als Speisekammer genutzt wird.

Der Umbau der »Waben« zu einem Familienheim gestaltete sich schwieriger als erwartet: eine völlig neue Dachkonstruktion mit einem verglasten Aufsatz – »wie eine Laterne« – sollte her, und da lief einiges nicht wie geplant. Denn immerhin musste die Statik das Gewicht von umgerechnet zwanzig VW-Käfern aushalten!

Schweißgebadet schreckten die Bauherren nachts aus dem Schlaf, und mit bangen Blick zum Fenstertürmchen in der Dachmitte rührten sie mittags in der Küche im Topf – bis sie schließlich »nachrüsteten« und zusätzliche Stützbalken anbringen ließen. Nun war endlich ein entspanntes Kochen möglich und die Traumküche perfekt!

Zwar hatte man aus finanziellen Gründen noch die alten Einbaumöbel mitnehmen müssen, doch ein Möbelstück hielt erst jetzt Einzug. Es wurde in einer Weinhandlung entdeckt und erhielt seinen Ehrenplatz in der Mitte des Raumes: ein wuchtiger langer Tisch aus Kastanienholz, dessen Tischplatte deutliche Zeichen seiner vielfältigen langen Nutzung trägt. Er ist zwar hauptsächlich als Esstisch gedacht, wird jedoch allzu oft zur Ablage umfunktioniert und »jede Woche zugemüllt«, seufzt Julia Herrenberger. Ein Gegenstand ist allerdings unverzichtbar auf dem großen Tisch: der Kerzenleuchter, nach Julias Ansicht ohnehin das wichtigste »Küchengerät«. Denn erst wenn die Kerzen brennen und der Rotwein im Glas funkelt, macht das Kochen so richtig Freude.

Der lange Tisch findet auch im Freundeskreis viel Zuspruch: Häufig treffen sich hier die Freunde, Kollegen, politischen Mitstreiter. Und weil alle dafür Verständnis haben, dass berufstätige Leute nicht pausenlos ihre Gäste bekochen können, bringen die Besucher in stressigen Zeiten ihr Essen auch schon mal selbst mit. Für Kartoffelpuffer zur Abfütterung der Kindergäste reicht die Energie allerdings immer.

Nun darf Lukas endlich nach Herzenslust mit Tomatensoße kleckern.

Vater und Söhne: ein eingespieltes Team geht konzentriert zu Werk.

Viel Belag für jeden Geschmack: Käse, Salami, Pilze und Zwiebeln.

Mindestens einmal täglich wird im Hause Herrenberger-Hensel warm gekocht, nicht nur wegen der Gesundheit, sondern auch wegen der Gemütlichkeit. Natürlich haben die Söhne jede Menge Lieblingsessen wie Crêpes, Pizza oder ... Entenbraten. Es gibt nicht viel, was sie verschmähen, und Jakob, der Ältere, hat sogar schon eine für sein Alter völlig untypische Vorliebe für Shrimps und Spargel entdeckt. Wenn ganz viel Zeit ist, werden auch mal zwei Essen gekocht, damit die Großen und die Kleinen zu ihrem Lieblingsgericht kommen. Essen aus der Tüte lehnen beide Söhne ab – die meisten Fertiggerichte finden sie schrecklich. Eine besondere Herausforderung an die Kochlogistik stellte seinerzeit die »Grüne Kiste« vom Biobauern dar, denn schließlich sollte alles verwertet werden und nicht in die Biotonne wandern.

Als die Fachärztin Julia beruflich noch nicht so eingespannt war wie heute, organisierte sie jeden Mittwoch für die Söhne und deren Freundeskreis einen Kinderclub und dann wurde gekocht. Sie half den Kindern bei den Vorbereitungen und führte die Aufsicht über die Zubereitung. Diese Aktivitäten haben Früchte getragen: Noch heute kommen zum Beispiel Lukas und Ben nicht nur zum Schwertkampf à la *Herr der Ringe*, sondern auch, um mit Jakob und Moritz zu kochen. Dass ein Crêpeteig mindestens eine halbe Stunde quellen muss, ist ihnen ebenso vertraut wie das Abschmecken einer Tomatensoße, und mit Messern können sie so kompetent umgehen wie mit Knoblauchpressen oder Reiben. Für Moritz ist jedoch das wichtigste Küchengerät die häufig benötigte »Spaghettischnappe«. Wenn die Eltern keine Zeit für gemeinsame Spiele haben, heißt es schon mal: »Kocht euch was!«. Dann legen Jakob und Moritz los, ein kleines Repertoire an eigenen Rezepten haben sie ja inzwischen. Und wenn die Eltern selbst beim Kochen sind, finden die Söhne es auch sehr gemütlich, in ihren Zimmern bei geöffneter Tür die Aktivitäten zu verfolgen und zu kommentieren – beim Essen sind sie dann wieder dabei.

Das Wasser läuft allen schon im Mund zusammen – gleich ist es so weit! (rechts)

Im Mittelpunkt der Küche steht der wuchtige Tisch aus Kastanienholz mit dem silbernen Leuchter (links).

Kindermenü

Pizza

Für 6 Personen

500 g Mehl
20 g Hefe
¼ l lauwarmes Wasser
1 Prise Salz

2 Zwiebeln
2 Knoblauchzehen
1 große Dose geschälte Tomaten (im Sommer 1 kg frische Tomaten)

- Hefe in lauwarmem Wasser auflösen.
- Mehl nach und nach mit dem Hefewasser klumpenfrei verrühren, Prise Salz dazu und so lange kneten, bis der Teig sich von den Händen löst, aber noch geschmeidig ist.
- Mindestens ½ Stunde zugedeckt ruhen lassen.
- Backofen auf 300 Grad vorheizen.
- Zwiebeln und Knoblauchzehen klein schneiden und glasig dünsten.
- Geschälte Tomaten durch ein Sieb passieren und mit den Zwiebeln und dem Knoblauch vermischen (im Sommer frische Tomaten mit kochendem Wasser übergießen, enthäuten, dann klein geschnitten zu der Zwiebel-Knoblauch-Soße geben und garen).
- Den Teig auf einer bemehlten Arbeitsfläche dünn ausrollen, auf das Blech legen und mit der Tomatensoße bestreichen.
- Dann nach Lust und Laune belegen: etwa mit frischen Champignons (in Scheiben geschnitten), Zwiebelringen, Salamischeiben, gekochten Schinkenscheiben, Sardellen, Kapern, Oliven und darüber gewürfelten Mozarella oder geraspelten Gouda oder Gorgonzolabrösel (oder ein anderer Blauschimmelkäse); es schmecken auch mehrere Käsesorten nebeneinander.
- Bei hoher Hitze (300 Grad) ca. 10–20 Minuten backen und anschließend mit Oregano bestreuen.

Crêpes

Für 6 Personen

125 g Mehl
¼ l Milch
100 ml Wasser
1 Prise Salz
25 g Zucker
3 Eier
1 Eigelb
25 g flüssiges Butterfett

- Aus den Zutaten einen Teig rühren, der dann mindestens eine Stunde lang ruhen sollte.
- Anschließend mit einem Schneebesen den halbflüssigen Teig noch einmal gründlich durcharbeiten.
- Zum Backen Butterfett nehmen, da es größere Hitze besser aushält. In eine beschichtete oder gusseiserne Pfanne etwas Fett geben, dann bei mittlerer Hitze eine Kelle Teig hineingeben.
- Wenn die Crêpe sich mit einem Bratenwender leicht vom Pfannenboden lösen lässt, muss sie gewendet werden. Vor jeder neuen Kellenfüllung den Teig immer wieder durchrühren.
- Heiß auf die Teller der wartenden Esser servieren oder die fertigen Crêpes im Backofen auf einer Platte warm halten, damit auch der Koch später mitessen kann!

Eigener Herd ist Goldes wert – Cornelia Heymann und Reinhard Löwenstein – Eine Winzerküche

Der wichtigste Gegenstand in der Küche ist ein praktischer, bequemer, nicht rauchender, den Verhältnissen entsprechender Herd. Bei der Auswahl desselben sollte man darauf achten, dass die Feuerung so eingerichtet ist, dass das Kochen nicht allein mit dem möglichst geringsten Aufwande von Brennmaterial, sondern auch in kürzester Zeit geschehe.

Praktisches illustriertes Hausbuch zur verständigen Führung der Wirtschaft

»Ich mache gern Wein, aber kochen – das überlass ich lieber Cornelia.« Reinhard Löwenstein lacht, aber seine Frau widerspricht. »Stimmt nicht, deine spanische Tortilla ist super!«

Doch sie gibt zu, dass sie diejenige ist, die in der Küche das Sagen hat. Es ist eine maßgeschneiderte Küche, ihr Zentrum ist ein blau gefliester großer Tisch, in den der Herd gleich eingebaut wurde – denn für die Löwensteins ist der Herd das Wichtigste an der Küche überhaupt.

Schon in den Küchen ihrer Kindheit stand der Herd im Mittelpunkt: Bei Heymanns spielte sich das Familienleben in nächster Nähe zum Küchenherd ab, und bei Löwensteins gab es am Herd eine Klappe zum Aufmachen, in der man die Füße wärmen konnte. Erst wenn morgens das Feuer im Herd brannte, fing der Tag so richtig an, und ein reichliches Frühstück war der schönste Einstieg in den Tag.

Auch in der ersten eigenen Küche Anfang der 1980er Jahre dominierte ein Kohleherd – ansonsten war die Einrichtung eher dürftig: Nicht einmal warmes Wasser gab es in der Wohnung, die zu ihrem ersten gepachteten Weingut gehörte. Dort waren sie angetreten, um Spitzenweine zu produzieren und damit den internationalen Markt zu erobern.

Rund um den Herd im Tisch warten schon die hungrigen Esser (linke Seite).

Damals hieß es den Gürtel sehr eng schnallen, das junge Paar ernährte sich hauptsächlich von Kartoffeln, Kohl und Speck in

Gemüse schnippeln beruhigt die Nerven, findet Cornelia.

Kleine Fundstücke vom Trödel in vollem Einsatz (Mitte).

Bunte Gemüsepfanne zum Lachs à la Löwenstein (ganz unten).

den verschiedensten Variationen, der Höhepunkt kulinarischer Exzesse war Reinhards Knoblauchsuppe.

Bei dem Winzerpaar Heymann-Löwenstein war die Pacht des ersten Weinguts gleichbedeutend mit einer Absage an die damals übliche Weinproduktion. Sie wollten kein liebliches Moseltröpfchen keltern, sondern dem klassischem Moselriesling wieder zu seiner früheren Beliebtheit verhelfen. Als der Pachtvertrag auslief, fanden sie in Winningen ein neues Weingut, zu dem auch riesige Weinkeller gehören, die vom Moselwasser gekühlt werden. In einem großen Jugendstilhaus bot sich die Möglichkeit, den Traum vom eigenen Herd in die Tat umzusetzen: Er sollte als eine Einheit mit dem Ess- und Arbeitstisch das Zentrum der Küche bilden.

Oft saßen die beiden Töchter als kleine Kinder an diesem Tisch und sahen der Mutter fasziniert beim Kochen zu – sozusagen in der ersten Reihe!

Das blaue Kachelmosaik des Tisches war sehr sorgfältig ausgesucht worden: Cornelia bestand auf salzglasierten Kacheln, da deren Herstellung zur traditionellen Handwerkskunst in der Moselregion gehört. Die verschiedenen Farbtöne entstehen durch die vielen metallischen Beimischungen im Ton – der Winzer Löwenstein fühlte sich da an die Mineralien im Weinberg erinnert, die den Geschmack des Weines bestimmen.

Dieser Tisch ist auch der Mittelpunkt, wenn gemeinsam mit Freunden gekocht wird, alle einen vorbereiteten Gang mitbringen und auf den Herd stellen, der dann das Aufstehen fast überflüssig macht. Bei diesen Schmausereien ist es Reinhards Aufgabe, für den richtigen Wein zu sorgen. Da hat er dann Gelegenheit, die Weine von Kollegen zu probieren, die er schon lange mal verkosten wollte. Es muss für ihn durchaus nicht immer der eigene Wein sein – auch wenn er sich dessen Qualität sehr wohl bewusst ist –, und im Sommer trinken die Löwensteins auch gern mal ein kühles Bier.

Ehrensache, dass in der Küche des Winzerpaares viel mit Wein gekocht wird, es kommt kein Sößchen auf den Tisch, dem nicht ein guter Tropfen zugegossen wurde – bei Weingelees oder Weincremes streikt allerdings die Köchin, diese Weinseligkeit geht ihr zu weit.

Und was ist der schönste Essensduft für die sensible Winzernase? Cornelia lacht, zeigt auf ihren Mann und meint, der von gebratenem Speck. Reinhard widerspricht und behauptet, dass sich das je nach Jahreszeit ändere, Winterdüfte hätten Bratenaroma, aber Sommerdüfte seien für ihn die von frischen Kräutern, am liebsten Basilikum. Cornelia stimmt ihm zu, obwohl Melonen- und Zitrusdüfte sie fast noch mehr begeistern können.

Wie beurteilt jemand Essensqualität, bei dem hervorragend funktionierende Geschmacks- und Geruchsorgane wichtige Voraussetzung für seinen Beruf sind? Keine Betrügereien, das ist das Wichtigste. Ästhetische Experimente wie schwarzgefärbte Schlagsahne entlocken dem Winzer nur ein ratloses Kopfschütteln: Essen soll so ehrlich sein wie ein anständiger Wein. Rituale können die Lust am Schmausen steigern, wenn sie aber mal völlig wegfallen, kann auch das sehr genussvoll sein. Asiatische Förmlichkeit und Dekor begeistern ihn ebenso wie eine Mahlzeit in einem Beduinenzelt, wo alle mit den Fingern aus einem Topf essen. Solange es schmeckt und nichts gepanscht wird, ist er zu allem bereit, nur bei süßem Reisbrei und Blutwurst streikt er.

Das Winzerpaar, dessen Mosel-Rieslingweine zu den besten Deutschlands zählen, holt sich gern Speisen aus aller Welt in die eigene Küche, momentan wird mit exotischen Gewürzen wie Thaisamen und Zitronengras experimentiert.

Cornelia kocht gern »mit der Hand«, das wichtigste Küchengerät ist für sie der Schneebesen, ein Elektrorührgerät findet sie zu wenig sinnlich. Ihre Küche ist nicht auf Vorratswirtschaft eingestellt, die kleine Speisekammer fasst nicht viel. Das ist Absicht, denn sie entscheidet gern spontan, was auf den blauen Fliesentisch kommt, und möchte nicht von »Altlasten« zu bestimmten Gerichten gezwungen werden.

Reinhard findet es nicht widersprüchlich, dass ein kreativer Weinproduzent wenig Interesse am Kochen hat – er lebt seine Kreativität ganz im Wein aus.

»Gegensätze sind eben auch wichtig für eine gute Partnerschaft, dann bleibt die Sache immer spannend, wie bei einem neu ausgedachten Rezept oder einem neuen Weinjahrgang …«

Der Winzer mit dem anspruchsvollen Gaumen als Vorkoster: ob es schmeckt?

Moselmenü, Riesling inbegriffen

Lauchsuppe

Für 8 Personen

1 kg Lauch
(netto und geputzt)
4 EL Olivenöl
2 l Gemüsebrühe
½ l Weißwein (Riesling)
2 TL Cayennepfeffer
1,5 TL Curry
6 cm frischen Ingwer
500 g Hackfleisch
(halb und halb)
150 g frischen Parmesan

- Lauch klein schneiden und mit 2 EL Olivenöl andünsten. Mit Brühe und Wein auffüllen, die Gewürze dazugeben und ca. 20 Minuten köcheln lassen.
- Derweil das Hackfleisch kräftig anbraten und wenn die 20 Minuten Kochzeit vorbei sind in die Suppe geben. Den Ingwer dazureiben und verrühren. Zum Schluss die Hälfte des Parmesans dazu und die andere Hälfte direkt auf die Teller verteilen, wenn die Suppe ausgegeben wird.

Lachs à la Löwenstein

Für 4 Personen

300 g rohen frischen Lachs
600 g Blattspinat
3–4 Möhren
2 Stangen Lauch
250 g Cremechampignons
500 g Bandnudeln
50 g geraspelten Parmesan
150 ml trockenen Riesling
ca. 150 ml Sahne
etwas Butter
Salz, Pfeffer, Knoblauch

- Spinat waschen und im Topf mit etwas Wasser zusammenfallen lassen, abseihen und die Flüssigkeit gut ausdrücken.
- Den Weißwein mit den in Ringe geschnittenen Stangen Lauch und den in Scheiben geschnittenen Möhren mit Salz, Pfeffer und etwas Knoblauch zum Kochen bringen und ca. 10 Minuten köcheln lassen.
- Die Cremechampignons in Scheiben schneiden und in etwas Öl andünsten, mit ein bisschen Sahne ablöschen, mit Pfeffer und Salz würzen, dann zur Seite stellen. Etwas Butter in einer großen Pfanne erhitzen und den ausgedrückten Spinat kurz darin schwenken; mit Salz, Pfeffer und Knoblauch würzen und ebenfalls ein wenig mit Sahne ablöschen. Die Cremechampignons dazugeben. Die Hitze runterschalten.
- Nun den Lachs in den köchelnden Weißweinsud legen und ca. 10 Minuten ziehen lassen, einmal wenden. Herausnehmen und in mundgerechte Stücke zerteilen.
- Das Gemüse aus dem Fischsud zum Spinat geben.
- Derweil die Bandnudeln bissfest kochen und abgießen, anschließend auch in die Pfanne geben. Gut rühren und nochmals mit Salz, Pfeffer und Sahne abschmecken, gegebenenfalls noch etwas von dem Weinfischsud darunter rühren.
- Zum Schluss den zerkleinerten Lachs drunterheben und auf die Teller verteilen. Darüber den Parmesan verteilen, und auf geht's.
- Dazu schmeckt ein klassischer Riesling von Heymann-Löwenstein geradezu genial.

Schieferterrassen 2000
Heymann-Löwenstein
RIESLING AUS DER TERRASSENLAGE

Genau wie erträumt – Eine Villenküche

Anja Kalenbach und Gerd Langhein

Unser Herd, kurz »Herd« genannt (...), hatte (...) ein verkniffenes Aussehen, einen schier unstillbaren Appetit und absolut keinen Gemeinschaftsgeist. Der Versuch, Herd zum Glühen und Knistern zu bringen, war (...) zum Scheitern verurteilt (...) Ich spaltete Pechtannenholz fein wie Rosshaar, und stopfte damit Herds gefräßigen Wanst voll, doch er gab weder Wärme noch einen Laut von sich.

Betty MacDonald, Das Ei und ich

Zusammen kochen?

»Niemals!«, erklären Anja Kalenbach und ihr Mann Gerd Langhein wie aus einem Mund. Selbst als er die zweitägigen Kochrituale für die alljährliche Weihnachtsgans nach einem Beinbruch einmal auf Krücken absolvieren musste, stand Anjas Hilfe nicht zur Debatte. Keine Frage, dass Gerd seine Wundergans auch unter diesen erschwerten Bedingungen brutzeln konnte, obwohl er Schwierigkeiten hatte, das Kochen, die Krücken und die Zigarette gleichzeitig mit nur zwei Händen zu bewältigen.

Die goldene Regel dieser Küchenchefs heißt: Der eine kocht und beide essen.

Beide sind sie begeisterte Köche, beide haben in die Gestaltung der Küche viel Arbeit und Geld investiert, doch ansonsten sind sie ein Gespann aus beeindruckend vielen Gegensätzen. Das beginnt bei der Herkunft – Mietwohnung einerseits, Herrenhaus andererseits –, und endet noch lange nicht bei den Berufen: Malerin und Notar.

Die riesengroße Küche seiner Kindheit blieb für Gerd lange ein Wunschtraum, der aber Wirklichkeit wurde, als das Paar in Hamburg eine wunderschöne alte Villa kaufte, die zwar ein wenig verwohnt, aber nicht kaputt renoviert war.

Liebevoll restauriert – alte Türen und Jugendstilkacheln (rechte Seite).

Die Gestaltung der Küche dauerte trotzdem Monate: Der ursprüngliche Grundriss musste wiederhergestellt und Jugendstilfliesen mussten von einer abgerissenen Wand gerettet werden. Türen, Tür- und Fensterrahmen wurden abgeflämmt, und Anja

ANJA KALENBACH
MUSEUM STADT BAD HERSFELD
KAPITELSAAL

holte auch von den Türen der eingebauten Küchenschränke »mindestens acht Anstriche« herunter.

Die Atmosphäre in der Küche ist beiden wichtig, sie soll nicht nur funktional auf dem höchsten Stand, sondern auch besonders gemütlich sein. In Winkeln, auf Simsen und an den Wänden hängen, stehen und liegen Fundstücke vom Trödel, prangen Blumen oder räkelt sich eine der vier Katzen, die zusammen mit zwei Hunden die Familie ergänzen.

Bei der Auswahl von Herd, Spüle und Kühlschrank regierte fröhlich augenzwinkernd die Nostalgie: Hinter dem traditionellen Design verbergen sich maßgeschneiderte Hightechgeräte der oberen Luxusklasse. Das sorgt für Gemütlichkeit ohne Einbußen beim Komfort. »Der auf den Kopf gestellte Kleinlaster«, frotzelt Anja und zeigt auf den Kühlschrank. »Das messingbeschlagene Atomkraftwerk«, zitiert Gerd eine Kritikermeinung zum Herd und grinst.

Als Anja die Wand hinter dem Herd farblich darauf abgestimmt kacheln wollte, fand sie nichts Passendes. Da beschloss die Malerin und Keramikkünstlerin, die Kacheln selbst anzufertigen. Das Ergebnis ist ein einzigartiges Kunstwerk, und begeisterte Bewunderer würden Anja mit Kachelaufträgen bis an ihr Lebensende versorgen, doch sie winkt ab: Das war ein halbes Jahr harte Arbeit, sie musste viel mehr Kacheln brennen, als gebraucht wurden, um genügend Material für die Komposition zu haben. Und eigentlich ist sie doch Malerin ...

Die Idee zu dem Kaleidoskop aus Türkis- und Blautönen, gebrochen durch kupfer- und eierschalfarbene Einsprengsel, kam ihr bei Reisen durch Marokko und Portugal. Fasziniert stellte sie fest, dass die dort immer wieder vorgenommenen Reparaturen an den Fliesenwänden kein zusammengestückeltes Flickwerk ergaben, sondern Kompositionen, die als Ganzes aus den vielen verschiedenartigen einzelnen Elementen ihre Wirkung bezogen. Als die Fliesenleger sich bei der Hamburger Kachelung stirnrun-

Das messingbeschlagene »Atomkraftwerk« vor Anjas kunstvoll gestalteter Kachelwand.

Der riesige Kühlschrank bietet Platz für viele Vorräte.

Anjas und Gerds Küchenregel – einer kocht und beide essen.

zelnd an die Künstlerin wandten und ihr ihre Bedenken mitteilten – »da gäbe es kein Muster, kein System, das passe alles nicht zusammen« –, wurden sie von ihr vertröstet: Hinterher würde es schon stimmen! Das können heute viele Bewunderer dieser einzigartigen Küchenwand nur bestätigen.

Während Gerd sich die Küche seiner Kindheit rekonstruierte, schuf Anja sich ihre Traumküche, nach der sie sich als Kind vergeblich gesehnt hatte. Um dem täglichen Einerlei aus Eintopf und Suppe zu entkommen, brachte sich die resolute Älteste von drei Kindern, »auch um nicht zu verhungern«, selbst das Kochen bei. Schon mit drei Jahren fühlte sie sich zum Kochen berufen und wünschte sich zu Weihnachten eine »Wiege« zum Abmessen der Zutaten, doch zu ihrer grenzenlosen Enttäuschung bekam sie stattdessen eine Puppenwiege geschenkt.

Während ihres Kunststudiums verdiente sie sich zunächst ihr Geld als Kneipenbedienung, dann schlug aber ihre große Stunde: Plötzlich war der Koch verschwunden, und der Chef bat Anja, die Küche zu übernehmen. Als der »Flüchtling« nach zwei Wochen zurückkam, staunte er nicht schlecht über seine Vertretung und lehrte sie zum Dank seine Kunstgriffe – aber auch als Vorsorge für den Fall, dass es ihn mal wieder nach einer Auszeit gelüsten sollte. Den größten Knüller landete Anja mit dem etwas ungewöhnlich klingenden Gericht Bambuti aus Roastbeef und rotem Pesto, das von ihrem Chef dann auch entsetzt als viel zu exotisch abgelehnt wurde. Anja bot ihm eine Wette an: Falls es an jenem

In der Nachmittagssonne wirkt alles nochmal so gemütlich (rechts).

ANJA KALENBACH
„twilight zone“
MUSEUM STADT BAD HERSFELD
KAPITELSAAL
25. Mai bis 22. Juni 1997
ÖFFNUNGSZEITEN:
TÄGLICH, AUSSER MONTAGS, 10.00 - 12.00 UHR, 15.00 - 17.00 UHR
sowie während der Festspielzeit 19.00 bis 20.30 Uhr
WEETENKAMP 6
KERAMIK

Wer so viel Gemüse zubereitet, braucht eine große Spüle.

Tintenfischarme mit Füllung stopfen ist mühselige Handarbeit.

Gerd schmeckt den Sud für die Flusskrebse ab.

Tag davon mehr als zwanzig Bestellungen gab, sollte ihr Gehalt verdoppelt werden. Keine Frage, wer die Wette gewann, da alle Kolleginnen vom Service den Gästen Anjas neues Gericht wärmstens empfahlen.

Gerd schüttelt den Kopf: *Bambuti* wäre auch nicht sein Fall, er bevorzugt deftige Hausmannskost wie Grünkohl und Braten, während Anja jedem Stück Fleisch einen Fisch in Salzkruste vorziehen würde. Bei Lammkeule macht sie allerdings eine Ausnahme, die brät sie genauso gern wie Gerd, aber – und hier muss sie lachen – ihre Keule ist immer zarter. Doch auch wenn getrennt gekocht wird, das Schlemmen geschieht gemeinsam und am liebsten im Kreis von Freunden.

Das Wichtigste in der Küche, darin sind sich beide einig, ist der Tisch als Mittelpunkt geselligen Beisammenseins.

Der ererbte große Tisch aus Gerds Elternhaus, auf dem er seinerzeit sogar manchmal gewickelt wurde, steht im Esszimmer und bietet Platz für eine große Runde. Deshalb suchten sie für die Küche einen kleineren derben Holztisch, dem man ansieht, dass er schon so einiges mitgemacht hat.

Anjas bevorzugtes Gerät ist der »Zauberstab«, mit dem sie all ihre besonderen Kompositionen püriert, die unterschiedlichsten Geschmacksrichtungen miteinander vereint, aneinander steigert. Bei Wörtern wie Vinaigrette, Mango-Chutney oder Aprikosen-Peperoncini fangen ihre Augen an zu leuchten und schon überlegt sie sich eine neue, noch nie dagewesene Komposition aus Gewürzen, Früchten und Gemüse – möglicherweise ein neues Bambuti?

Mittlerweile sind Malen und Töpfern zwar Anjas »richtiger« Beruf, doch nach wie vor macht es ihr großen Spaß, ihre Kreativität auch in der Küche auszuleben. Als sie vor ein paar Wochen mit anderen Künstlern eine Keramikausstellung organisierte, stellte sie sich selbst an den Herd und zauberte ein Büffet für achtzig Personen, bei dessen Erwähnung die Gäste heute noch genussvoll die Augen verdrehen.

Und zum Dessert schmecken Käse und Weintrauben.

Meeresfrüchte und Krustentiere

Gefüllte Tintenfischtuben

Vorspeise für 4 Personen

(kann als Suppe, Salat oder beides serviert werden)

2 Dosen geschälte Tomaten
⅓ l Rotwein
12 mittelgroße Tintenfischtuben
250 g Krebsfleisch
200 g Frischkäse mit Kräutern
2 Bund Frühlingszwiebeln
ca. 10 würzige Cherrytomaten
je ein Bund Petersilie, Basilikum, Schnittlauch
5 Zehen Knoblauch
2 Hand voll Rucola
3 Schalotten
ein wenig Olivenöl und Essig
Pfeffer, Salz

Die Füllung:

- Das Krebsfleisch ganz klein geschnitten mit dem Frischkäse, den klein geschnittenen Frühlingszwiebeln und dem gequetschten Knoblauch vermengen, sodass ein gleichmäßiges Mus entsteht, Pfeffer und Salz dazu, fertig.
- Die Tuben damit füllen. Das ist eine mühsame Handarbeit, Löffel oder sonstige Werkzeuge taugen für diese Tätigkeit nicht – also alles mit den Fingern hineindrücken. Ganz Geschickte können auch einen Spritzbeutel nehmen.

Die Suppe:

- Geschälte Tomaten aus der Dose und Rotwein zum Köcheln bringen. Die gefüllten Tuben vorsichtig in die köchelnde Suppe legen, aufkochen lassen, dann ca. 10 Minuten leise simmern lassen. Die Tuben schließen sich durch die Hitze, doch vorher dringt etwas von der Füllung in die Suppe. Das gibt ihr den Geschmack.

Der Salat:

- Schalotten, klein geschnitten, mit dem Rucola, Essig und Öl, Pfeffer und Salz vermengen. Zum Schluss die Kräuter hacken: ⅓ für die Suppe, ⅓ für den Salat und ⅓ zum Garnieren der Teller.
- Man kann den Salat zu der Suppe essen oder die Tuben auf den Salat legen (warm) und die Suppe dazu essen, wie's beliebt.

Frische Flusskrebse

Für 4 Personen

lebende Flusskrebse, pro Person ca. 250–400 g

Für den Sud:
1 Bund Suppengemüse klein geschnitten
2–4 Knoblauchzehen in der Schale (angedrückt)
1 kleine getrocknete Peperoni
Kräuterbund (glatte Petersilie, Thymian, Rosmarin, Salbei, Dill)
1 EL Meersalz
1 TL weiße Pfefferkörner
1 l trockener Wein
1 l Wasser

- Die Zutaten für den Sud 10 Minuten aufkochen. Flusskrebse hineingeben, aufwallen lassen und ca. 8–10 Minuten bei kleiner Flamme gar ziehen lassen. Flusskrebse herausnehmen und mit Salat, Baguette und gegebenenfalls verschiedenen Saucen servieren.

Tipp:

- Die abgepulten Schalen im Ofen bei 200 Grad eine halbe Stunde anrösten und anschließend im Kochsud eine Stunde auskochen. Das Ganze durch ein Sieb geben, den Sud durch Köcheln auf die Hälfte reduzieren und mit Sahne oder Crème fraîche binden. Reste vom Krebsfleisch hineingeben, mit etwas Safran oder Kurkuma, gegebenenfalls Peperoni oder viel Pfeffer abschmecken: Ergibt eine prima Katersuppe.

Fürstlicher Kochunterricht – Eine alte Abteiküche

Lorenza de' Medici

Die Küche war eine lange und weite Halle voller Dunst, in der zu dieser Stunde bereits viele Köche emsig am Werk waren, um das Abendmahl vorzubereiten. An einem großen Tisch machten zwei von ihnen einen Gemüseauflauf (...)

Umberto Eco, Der Name der Rose

Mit »*Lorenza magnifica*« hat sie als Fünfzehnjährige einmal in einem Gästebuch unterschrieben – eine fröhliche Anspielung auf die illustren Ahnen aus Florenz, obwohl Lorenza von der noch älteren neapolitanischen Linie de' Medici di Ottajano abstammt. Lorenza wuchs in Mailand auf und ging als Kind auch ab und zu in die Küche – aber nur, um der Köchin zuzusehen, wie sie die traditionellen italienischen Gerichte zubereitete. Nie hätte sie sich damals träumen lassen, dass sie einmal selbst kochen und damit viel Geld verdienen würde.

Bereits vor ihrer Hochzeit war die Literaturwissenschaftlerin 1949 als Redakteurin zur *Novità* gegangen, einer kleinen, aber feinen Illustrierten, wo wenige Redakteurinnen alle Themen selbst abdecken mussten – auch den Küchenteil. So begann Lorenza Rezepte auszuprobieren, die sie den Leserinnen dann empfahl, und hatte Erfolg damit. Ab 1962 arbeitete sie für vier Jahre als Food Editor bei *Vogue Italia* und gilt seither in der ganzen Welt als Autorität in Fragen der italienischen Kochkunst – kein Wunder nach mehr als 35 opulenten Kochbüchern, die in viele Sprachen, auch ins Deutsche, übersetzt wurden und die ihr 1992 den begehrten »Brillat Savarin«-Preis für das beste Kochbuch des Jahres einbrachten. Zudem trat Lorenza regelmäßig in Radio- und Fernsehsendungen in den USA auf, und ihre Serie »Die de' Medici-Küche« lief in Großbritannien, Indien und China.

Mitten im Chianti gelegen – die Badia à Coltibuono (linke Seite).

Die beeindruckend vielseitige Lorenza ist außerdem eine sehr erfolgreiche Geschäftsfrau und betreibt einen florierenden Han-

Duftender Thymian säumt die Gartenwege hinter der Abtei.

Die Badia ist berühmt für die San Giovese-Trauben (oben und links).

del mit hauseigenen Produkten eines ganz besonderen Landwirtschaftsbetriebs. Seit vielen Generationen gehört der Familie ihres Mannes die Badia à Coltibuono, eine Abtei im berühmten Weinbaugebiet Chianti. Die Mönche von Vallombrosa gründeten vor fast tausend Jahren diese »Abtei der guten Ernte«. Zu der Badia gehören Weinberge und Olivenhaine, und so werden in dem zum Laden umfunktionierten Pförtnerhäuschen hervorragende San Giovese-Weine, Olivenöl, Balsamessig und Honig verkauft; im Restaurant neben der Abtei kann man auch die hauseigenen Weine probieren. Inzwischen wurde das Sortiment um typisch toskanisches Geschirr, Küchengeräte aus Olivenholz und Seifen erweitert – das Geschäft blüht. Kein Wunder, denn die drei mittlerweile erwachsenen Kinder Lorenzas managen das Küchenimperium ihrer Mutter; eine Reihe von Angestellten kümmert sich um Verwaltung und Vertrieb, hilft in der riesigen Abteiküche oder beim Servieren.

Das große Gartenareal teilt sich in Blumen- und Gemüsegarten (rechte Seite).

Seit 1984 gibt Lorenza in der Badia Kochunterricht für betuchte Gourmets aus aller Welt, ganz egal, ob Profis oder Touristen. »The Villa Table – Cooking Classes at Coltibuono« ist in der Regel ausgebucht. Die meist zwölf Teilnehmer und Teilnehmerinnen lassen sich von der blaublütigen Superköchin in den Grundre-

Zwiebelschneiden für den Salat aus Fenchel- und Orangenscheiben.

geln der italienischen Kochkunst unterweisen. Dazu werden sie in den ehemaligen Mönchszellen untergebracht und bekommen so gleichzeitig eine Kostprobe klösterlich-fürstlichen Lebensstils. Neben dem Unterricht werden zudem Weinproben oder Fahrten zu berühmten Ausflugszielen organisiert.

Die geräumige Küche gestaltete Lorenza selbst. Wo jetzt ein großer Tisch Platz für die Experimente vieler Hobbyköche bietet und wo an einem leicht erhöhten Marmortisch die richtige Zubereitung von Spinat-Gnocchi oder Rosmarinfladen demonstriert wird, war in früheren Zeiten der Speisesaal der Mönche.

Lorenza de' Medici schwört auf die klassische toskanische Kochkunst, die sich eher durch die erstklassige Qualität der Zutaten als durch raffinierte Zubereitungsmethoden auszeichnet. Von den Gemüsen der Region schwärmt sie mit elegant-unterkühlter Begeisterung und führt dann routiniert ihre liebste Küchentätigkeit vor: Die Arme bis zu den Ellenbogen mit Mehl bestäubt, aber um den Hals eine mehrreihige Kette aus taubeneiergroßen Perlen, knetet sie Pastateig. Überhaupt ist sie der Ansicht, dass Kochen ein sinnliches Vergnügen ist, bei dem man so viel wie möglich selbst ausführen sollte. Deshalb verzichtet sie gern auf allzu modernes Küchengerät: Der Kochlöffel ist ihr wichtigster Helfer – und über die Jahre hat sie eine ganze Kollektion zusammengetragen. Sie schwört auf Olivenöl als unverzichtbaren Bestandteil fast aller Gerichte; Butter nimmt sie selten, höchstens zum Ausfetten einer Backform. Aus dem großen Abteigarten wird sie rund ums Jahr mit Gemüse versorgt, denn Pasta und Gemüse sind die wichtigsten Speisegänge der italienischen Küche, Fleisch ist eher eine Beigabe. »Das ist etwas, was die Touristen noch immer nicht ganz begriffen haben. Wir Italiener essen uns an Pasta satt und nicht an Fleisch.«

Hier wird mit verschiedenen Sorten Salz gewürzt.

Die Teilnehmerinnen und Teilnehmer des Kochkurses in der Küche, dem ehemaligen Speisesaal der Abtei.

Tomaten-Nudel-Timbale, vegetarische Küche vom Feinsten.

Keine Henkersmahlzeit, sondern ein antikes Brotschneidegerät.

Sie liebt die vielen duftenden Kräuter aus ihrem Garten, wo nicht nur Küchen-, sondern auch Heilkräuter gezogen werden, und dass Thymian ihr Favorit ist, kann man an der Phalanx von Terrakottatöpfen auf einer Mauer sehen, die mit fußballgroßen Thymianbüscheln einen Weg im Park säumen.

Lorenzas Rezepte sind äußerst vielfältig und reichen vom schlichten Fenchel-Zwiebel-Orangen-Salat über das aromatisch gewürzten *agnello arrosto* bis hin zur Schokoladen-Birnen-Tarte. Wenn man dabei zusieht, wie sie eine Gruppe von höchst interessierten Amerikanern in der Zubereitung von Salbeikeksen unterweist, die dann andächtig daran knabbern oder ihre Erbsen mit Estragon aufpicken, kann man nur bewundern, mit welch wahrhaft fürstlicher Gelassenheit Lorenza diese bodenständigen, schlichten Rezepte den neugierigen Feinschmeckern aus aller Welt als etwas so Besonderes anbietet, dass sie gewissermaßen mit Gold aufgewogen werden.

Kocht die preisgekrönte Rezepteerfinderin auch zu Hause?

Für die Familie schon, meist einmal täglich. Aber wie ist es, wenn sie Gäste geladen hat?

Lorenzas Antwort kommt prompt: »Dann kocht natürlich meine Köchin.«

Noblesse oblige? Hm. Aber nicht immer zum Kochen.

Tafelfreuden nach dem Kochlehrgang – es schmeckt vorzüglich! (rechte Seite)

de' Medici

Vegetarisches Menü »Villa Table«

Tomaten-Nudel-Timbale

Für 6 Personen
3 kg reife Tomaten
1 Tasse Semmelbrösel
2 TL getrockneter Oregano
3 TL Olivenöl
2 Knoblauchzehen, fein gehackt
Salz

250 g Nudeln
2 Tassen Tomatensoße
250 g geräucherten Ricotta oder Provolone, in Scheiben geschnitten
½ Tasse schwarze Oliven, entsteint und halbiert
3 EL frisch geriebenen Parmesankäse
Salz und Pfeffer

- 2 Tomaten in Scheiben schneiden. Die restlichen Tomaten halbieren und entkernen, salzen und in einem Durchschlag (Salatseiher) abtropfen lassen. Die Semmelbrösel mit Oregano, Öl und Knoblauch mischen. Die Tomatenhälften mit dieser Mischung füllen und im vorgeheiztem Backofen bei 180 Grad 30 Minuten backen.
- In einem großen Topf Wasser zum Kochen bringen. Salz und Nudeln hineingeben und etwa 4 Minuten kochen. Gut abgießen, dann mit der kalten Tomatensoße (aus der Flasche) vermischen. Käse, Oliven und Parmesan unterrühren.
- Eine Springform mit Backpapier auslegen. Den Boden und die Seiten mit den gefüllten Tomaten belegen, die Füllung zeigt nach oben. Die Nudeln hineingeben und mit den Tomatenscheiben bedecken. Etwa 40 Minuten backen. Auf eine vorgewärmte Platte stürzen, ohne die Form abzunehmen. 20 Minuten ruhen lassen, die Form entfernen und sofort servieren.

Spinat-Gnocchi in Butter mit Parmesan

Für 6 Personen

½ kg in kochendem Wasser kurz blanchierter Spinat, gut ausgedrückt und gehackt
120 g geriebener Parmesan
120 g Mehl
½ kg Ricotta
2 Eigelb
eine Prise Muskatnuss
120 g Butter
Salz und Pfeffer

- Den Spinat mit der Hälfte des Parmesankäses, der Hälfte des Mehls, dem Ricotta und den beiden Eigelb in eine große Schüssel geben und mischen. Mit Muskat, Salz und Pfeffer kräftig würzen. Mit gut bemehlten Handflächen die Spinatmischung erst zu großen Würsten und dann in dem restlichen Mehl rollen. In Scheiben schneiden und zu wallnussgroßen Kugeln formen. Jeweils einige Gnocchi in leicht gesalzenes, kochendes Wasser geben. Wenn sie an die Oberfläche schwimmen, in ein Sieb (oder Salatseiher) geben und abtropfen lassen, dann in eine gebutterte Auflaufform legen.
- Die restliche Butter schmelzen und über die Gnocchi geben, mit dem restlichen Parmesan bestreuen und im vorgeheizten Backofen bei 175 Grad etwa 20 Minuten backen.

Birnen-Schokoladen-Torte

Für 6 Personen

Für den Teig:
120 g Butter
250 g Vollkornmehl
1 großes Ei + 1 Eigelb
120 g Zucker
120 g ungesüßter Kakao
2 EL Himbeermarmelade
2 Birnen

Für die Füllung:
90 g Zartbitterschokolade
60 g Butter
3 Eier
90 g Zucker

- Den Backofen auf 175 Grad vorheizen.
- Butter, Mehl, Ei, Eigelb, Zucker und Kakao im Mixer zu einem Teig mischen. Mit Folie abdecken und in den Kühlschrank stellen.
- Für die Füllung die Butter und Schokolade im Wasserbad schmelzen und abkühlen lassen. Währenddessen Eigelb und Eiweiß trennen, die 3 Eiweiß steif schlagen und die Eigelb mit dem Zucker steif schlagen. Das Eiweiß sacht unter die Schokoladenmischung ziehen.
- Eine Kuchenform ausfetten und leicht mit Mehl bestäuben, dann mit dem Teig auslegen und diesen mit der Marmelade bestreichen. Die geschälten Birnenviertel auf dem Teig verteilen. Die Schokoladenmasse darüber geben und etwa 40 Minuten backen.

Höchste Perfektion – Eine Schlossküche

Anton Mosimann

Monsieur Pamplemousse musterte eine Gruppe von Mädchen in weißen Schürzen, die sich mit einem riesigen Tiegel zerlassener Schokolade abmühten (...) Dahinter sah er eine Reihe von Herden und Hängeregalen mit Küchengeräten: Pfannen und Teller, Messer und andere Utensilien. Alles sah sehr funktional aus.

Michael Bond, Monsieur Pamplemousse greift ein

Küchen waren für Anton Mosimann schon immer das Zentrum seines Lebens: die elterliche Gasthausküche im Städtchen Nidau in den Schweizer Jura-Alpen, in der schon vier Generationen der Familie für das leibliche Wohl der Gäste sorgten; und später die Lehrküchen, in denen er alles lernte, um zu einem, wenn nicht dem Star unter den Köchen aufzusteigen. Küchen sind der Ort, an dem er seit dreißig Jahren die größten Triumphe feiert und die höchsten Auszeichnungen und Ehren erwirbt, die in seinem Beruf möglich sind – darunter sogar zwei Ehrendoktorhüte!

Der erste Geschmack, an den er sich erinnern kann, ist der von Emmentaler Käse – Grund genug für den Buben, ab da jeden Morgen ein Stück würzigen Emmentaler zum Frühstück zu essen. Als Kind erlebte er die an Jahreszeiten gebundene schlichte Kochkunst seiner Eltern, und bedauert heute, dass man das ganze Jahr über alles kaufen kann, denn das Warten auf den Genuss vermag diesen ja bekanntlich zu steigern ...

Schon während seiner Aus- und Weiterbildung reiste Anton Mosimann durch die ganze Welt. Von seinem langen Aufenthalt in Japan ist – natürlich außer einem Stapel köstlicher Rezepte – die Vorliebe für die Farbkombination Rot-Schwarz geblieben, die sich in seinem Logo und Mobiliar bis zu seiner Kleidung wiederfindet.

Anton Mosimann – ein Grandseigneur unter den Köchen (rechte Seite).

Bereits mit 28 Jahren wurde er Küchenchef im Hotel Dorchester in London und verschaffte dem Haus dank seiner kulinari-

schen Kreativität zwei Michelin-Sterne – die ersten, die jemals außerhalb Frankreichs vergeben wurden.

Mosimann gilt als der Schöpfer der *cuisine naturelle*, einer Küche, die den ursprünglichen Geschmack der Speisen zu erhalten sucht und diese nicht in zu viel Butter, Sahne oder Alkohol ertränkt. Er liebt den Geschmack von Kräutern: »Bei Basilikum – da denk ich an Tomaten, an Italien, bei Rosmarin denk ich an Lammbraten in Frankreich, bei Oregano an Kartoffelgerichte – und ganz wunderbar finde ich auch Koriander und Zitronengras ...«

Kochen als schöpferische Tätigkeit ist eine Kunst wie Malen, Komponieren oder Bauen – doch im Gegensatz zu den anderen Künsten überdauert das Produkt nicht die Zeit, sondern muss immer wieder neu und in der gleichen Perfektion erschaffen werden. Das ist für Anton Mosimann eine ständige Herausforderung, der er sich mit Leidenschaft stellt.

Sein Wunsch nach Perfektion veranlasste ihn seinerzeit auch dazu, als jüngster *chef de cuisine* freiwillig wieder zurück in die Lehre zu gehen – diesmal, um dem Geheimnis der Süßspeisen auf die Spur zu kommen.

Die Bereitschaft zu harter Arbeit und der Drang nach Vollkommenheit, gepaart mit Selbstdisziplin und einem beachtlichen Organisationstalent verschafften ihm nicht nur internationale Anerkennung, sondern auch die Bekanntschaft mit Berühmtheiten aus aller Welt: Wer es sich leisten kann, der will – mindestens einmal in seinem Leben – bei Mosimann gespeist haben. Die Liste der Prominenten, die Mosimann schon bekochte, reicht von gekrönten Häuptern über Premierminister bis zu den Stars in Showbusiness und Sport.

Nach dreizehn Jahren Tätigkeit im Dorchester machte er sich nämlich selbstständig. Entsprechend seinem Motto »Für meine Gäste ist nur das Beste gut genug« kam nur ein ganz besonderes Ambiente für seinen Club Mosimann in Frage: eine presbyterianische Kirche im Herzen von London, die im Laufe ihrer fast zweihundertjährigen Existenz schon einige Male ihre Funktion wechselte. Nun scheint sie ihre wahre Aufgabe gefunden zu haben: als Gourmettempel. Doch eine gut gefüllte Brieftasche allein genügt noch nicht, um in diesem Club essen zu können – außer der Zahlung eines ansehnlichen Clubbeitrags braucht das künftige Mitglied zwei Bürgen, die seine Aufnahme empfehlen.

Bei der Ausgestaltung seines Clubs beschritt Mosimann neue Wege: Er suchte Sponsoren, die die Räumlichkeiten einrichten durften, in denen geschlossene Gruppen ihre Feste feiern. So

Perfektion geht dem Hausherrn über alles (oben). Die silbernen Krustentiere findet man in jedem Mosimann-Restaurant als Tischdekoration (links).

Alles Mosimann-Style – von der Menükarte bis zu den edlen Tropfen des Hauses.

Zur Luxusküche gehören natürlich nur Luxusweine (oben und rechte Seite).

gibt es einen »Montblanc«-Raum, einen »Veuve Cliquot«, einen »Davidoff« und andere mehr. Es versteht sich, dass die Sponsoren keine Kosten gescheut haben, um sich dieser Ehre würdig zu erweisen.

Doch mit der Ausgestaltung und Führung des Club Mosimann sind die Energien seines Gründers noch lange nicht erschöpft. Anton Mosimann sammelt Kochbücher und alte Rezepte – und er unterhält einen Catering-Service, der auch den fünfzigsten Geburtstag des Prince of Wales ausrichtete und dafür prompt eine königliche Auszeichnung erhielt. Mosimann publiziert selbst, ersammelt Oldtimer, treibt Sport, sitzt in Jurys bei internationalen Kochwettbewerben und trat bereits in zahlreichen Radio- und Fernsehsendungen auf. Wer sich seine Kochkünste leisten kann, lässt ihn mitsamt seiner Crew einfliegen: heute nach Hongkong, nächste Woche nach New Orleans ...

Neben all dem schaffte er es auch noch, einen zweiten Club Mosimann aus der Taufe zu heben, diesmal in einem echten alten Schloss in der Schweiz.

Offensichtlich hat dieses Energiebündel mit Namen Anton Mosimann, dem die vierundzwanzig Stunden eines Tages viel zu wenig für alle seine Aktivitäten sind, keinerlei abschreckende Wirkung: Beide Söhne folgen dem Vater in seinem Beruf nach, was ihn natürlich mit großer Freude erfüllt.

Doch was ist das Geheimnis seines einzigartigen Erfolges? Der Kochkünstler lächelt, diese Frage wurde ihm natürlich schon oft gestellt. »80% sind Organisation! Wenn die stimmt, gelingt der Rest von allein!«

Tja. Dann lasst uns mal organisieren ...

RODA I
RODA I
Champagne
MOSIMANN'S
CHAMPAGNE
GRAND CRU BRUT
750 ml
WEINE

Dinner im Schloss

Mistkratzerli mit feinem Gemüse vom Grill

Für 4 Personen

4 Mistkratzerli (Stubenküken) von je 350 g
200 g grüne und gelbe Zucchini
100 g junger, fingerdicker Lauch
8 kleine Tomaten
Salz
frisch gemahlener Pfeffer
etwas Thymian

- Die küchenfertig vorbereiteten Mistkratzerli dem Rückgrat entlang aufschneiden, aufklappen und flach drücken. Die Rückenknochen herauslösen. Die Küken von beiden Seiten mit etwas Salz und frisch gemahlenem Pfeffer bestreuen.
- Danach bei Mittelhitze etwa 10–12 Minuten grillen.
- Inzwischen den nur fingerdicken Lauch in kleine Abschnitte und die Zucchini ungeschält in dünne Streifen schneiden.
- Das Gemüse einzeln flach in einer ofenfesten Form anordnen und bei mäßiger Hitze 5–8 Minuten grillen, bis es gar ist. Danach mit etwas Salz und frisch gemahlenem Pfeffer bestreuen.
- Die gegrillten Mistkratzerli auf vier vorgewärmte Teller verteilen, mit dem Gemüse umlegen und mit Thymian bestreuen.

Kirschtimbale mit Orangensauce

Für 4 Personen

150 g entsteinte Süßkirschen
25 g Zucker
150 g fettarmer Joghurt
3 Blatt Gelatine
2 EL Wasser
200 g Quark

Für die Orangensauce:

150 ml frisch gepresster Orangensaft
25 g Zucker
dünn abgeschälte Schale einer unbehandelten Orange
8 Kirschen als Garnitur

- Die entsteinten Süßkirschen mit dem Zucker im Mixer pürieren. Den Joghurt dazugeben und einmixen.
- Die Gelatineblätter in kaltem Wasser einweichen, ausdrücken, in 2 EL Wasser bei geringer Hitze auflösen und danach in die Kirschmasse einrühren. Zuletzt den Quark dazu.
- Die Masse in vier kleine Timbaleformen füllen, mit Folie bedecken und im Kühlschrank fest werden lassen.
- Für die Sauce den Orangensaft, den Zucker und die in feine Julienne-Streifen geschnittene Orangenschale in einen kleinen Topf geben. Vorsichtig erhitzen, bis sich der Zucker aufgelöst hat, dann langsam auf etwa 100 ml einkochen und kalt werden lassen.
- Die Timbaleförmchen kurz in heißes Wasser tauchen und danach auf vier Teller stürzen. Mit der Orangensauce umgießen und mit je zwei frischen Kirschen garnieren.

Ich brauche keine Maschinen – Eine Single-Küche

Helga Maria Nagel

Andererseits fehlte der Küche die stilvolle Frühstückskultur (...) – nichts war hier so, wie es in den Wohnzeitschriften fotografiert ist: keine schönen Küchenmöbel, keine Frühstückstheke, kein alter Holztisch mit großem Blumenstrauß.

Eva Heller, Der Mann, der's wert ist

Eine große Altbauküche – doch sehr spärlich eingerichtet: eine Arbeitsfläche mit Spüle, Herd, Kühlschrank, Geschirrspüler und ein alter Küchenschrank, wirklich nur das Nötigste, nichts steht herum. Das einzig Extravagante ist die teure italienische Espressomaschine, sonst fällt nur noch die klassische Zitronenpresse ins Auge. Alle Einrichtungsgegenstände haben mindestens zwei Jahrzehnte auf dem Buckel, der taubengrau gestrichene Küchenschrank sogar sieben. Und der kleine runde Tisch mit Kaffeetasse, vollem Aschenbecher und den zwei Klappstühlen davor verbreitet eher Bistro-Atmosphäre als urdeutsche Behaglichkeit.

Kaum zu glauben, dass hier eine begeisterte Köchin Gourmetmenüs zubereitet, und das gar nicht so selten. Aber Helga Maria Nagel gefällt die Reduktion auf das Wesentliche, sie liebt Leerstellen.

Dabei sah die Küche ihrer Kindheit völlig anders aus. Die gehörte ihrer Oma, bei der sie von ihren berufstätigen Eltern täglich »geparkt« wurde. Die Großeltern lebten in einer alten Mühle, und in ihrer Küche wurden zu bestimmten Zeiten unter Rotlicht Eier ausgebrütet und anschließend rannten dort Küken piepsend herum. Außerdem gab es neben dem Gasherd auch noch den alten Küchenherd, wo zu besonderen Gelegenheiten die gusseisernen Ringe abgehoben, das Waffeleisen direkt aufs Feuer gelegt und dann gedreht wurde. Vor dem Fenster über der großen steinernen Spüle war zwar ein Fliegengitter angebracht, trotzdem summte und brummte es im Sommer unablässig.

Helga auf dem Balkon, davor die »leere« Küche (linke Seite).

Die Küche der Eltern war im Gegensatz zu der der Großeltern zwar winzig, dafür aber ein multifunktionaler Raum, in dem der Küchentisch die wichtigste Rolle spielte. An diesem Tisch wurde gegessen, abgewaschen, für die Schule gelernt und genäht.

Besonders gern erinnert Helga sich an den großen Kohleherd, in dessen Backofen man sich die Füße nach dem Schlittenfahren im Winter aufwärmen konnte.

Helga rechnet es ihrer Mutter noch heute hoch an, dass sie in der Küche nicht mithelfen musste, denn damals beschränkte sich ihr Engagement in der Küche auf das weihnachtliche Plätzchenbacken. Obwohl ihr Vater Metzger war, erinnert sie sich nur noch an ein Fleischgericht: die frische, warme, mit Knoblauch gewürzte Fleischwurst Freitagabends. Knoblauch gab es nämlich sonst nie, Gewürze beschränkten sich auf Salz und Pfeffer, auf Petersilie und Schnittlauch.

Erst während ihrer Studienzeit stellte Helga sich ab und zu selbst an den Herd und zauberte das damals Übliche: Püree aus der Packung zu Fischstäbchen und als besondere Geschmacksvariante Soßen aus der Tüte. Es dauerte ein paar Jahre, bis sie durch die Hochglanzfotos in Zeitschriften dazu angeregt wurde, andere Rezepte auszuprobieren. Sie begann zu experimentieren und lud Leute zum Essen ein, damit es auch richtig Spaß machte.

Stillleben mit Kirschen und der Zitronenpresse (unten und Mitte).

»Politically incorrect?« Die Köchin raucht nur mit Zigarettenspitzen (links).

Bis heute hat sie sich trotz ihrer Freude am Kochen noch nie ihre Traumküche eingerichtet; beim Geldausgeben setzte sie immer andere Prioritäten. Also hat sie in ihre Kücheneinrichtung vergleichsweise wenig investiert, das meiste darin ist ererbt oder ertrödelt, richtig teuer war außer der Kaffee- nur eine Küchenmaschine, denn die ist unbedingt notwendig für die Herstellung von Pesto und das Reiben von Parmesankäse. Wenn Helga kocht, dann am liebsten italienisch oder asiatisch – noch heute läuft ihr bei Knoblauchduft automatisch das Wasser im Mund zusammen, sie liebt frisch geriebenen Ingwer und Mittelmeerkräuter wie Basilikum, Salbei und Rosmarin, die sie jedes Jahr auf ihrem Balkon selbst zieht.

Lachend wehrt sie sich gegen die Unterstellung, sie hätte eine minimalistische Küche: »Ich habe doch sogar einen elektrischen Korkenzieher!«, behauptet sie stolz. Dann zeigt sie liebevoll auf den wuchtigen Küchenschrank: »Der ist doch riesengroß! Und praktisch, da geht unheimlich viel rein!« Zum Beispiel ihre Tortenplatten aus den 1920er Jahren oder andere schräge Sammlerstücke aus den 1930ern oder 1940ern, die ihr ans Herz gewachsen sind, wie die kleine Lampe auf dem Schrank. Doch, so fragt sich der Betrachter, wie will hier denn jemand Sechs-Gänge-Menüs kreieren?

Für Helga kein Problem, sondern nur eine Frage der Planung. Außerdem ist in ihrer fast leeren Küche viel Platz für die Mit-Köche und -Köchinnen, denn Kochen und Essen ist für sie am schönsten, wenn es ein gemeinsames Unternehmen ist und man dabei einander über die Schulter beziehungsweise in den Topf gucken kann.

Doch selbst wenn die viel beschäftigte Dezernentin für Multikulturelle Angelegenheiten mal ganz allein ist, kocht sie gern, mindestens fünfmal in der Woche. Aber nie würde sie nur aus schierer Pflichterfüllung zum Kochlöffel greifen. Sie findet es schön, dass sie spontan entscheiden kann, was es heute gibt, oder ob sie lieber essen geht. »Das ist einer der Vorteile des Single-Daseins«.

Bei ihren Freunden ist sie berühmt für ihre Blitzgerichte: die schnellsten Nudeln der Welt oder der Drei-Minuten-scharfe-Bohnenbrei. Zum Glück gibt es ja nicht nur den Minitisch mit den zwei Stühlen, sondern auch einen riesengroßen Esstisch in der Diele, an dem bequem zwölf Leute Platz finden. Bei Helgas Kochfesten hat bislang noch jeder Gast etwas zu tun gehabt, auch wenn ihre Küche so spärlich ausgestattet ist, dass es nur zwei Küchenmesser gibt. »Dann kann ja inzwischen schon mal jemand die Weinflaschen öffnen«, sagt sie und lacht. »Schließlich hab ich ja einen elektrischen Korkenzieher.«

Die Zubereitung von Gemüsegerichten ist ein Fest für die Sinne.

»Nur« Karotten? Knackfrisch und süß, ein Edelgemüse (linke Seite).

Sommermenü

Ricottabällchen

Für 4 Personen

250 g Ricotta fresca
Schwarze Pfefferkörner
2–3 unbehandelte Zitronen oder Limetten
5 EL bestes Olivenöl
3 EL Zitronensaft
Salz
Dill

- Ricotta mit zwei Teelöffeln zu Bällchen formen.
- Mit dem Zestenschneider die Schale der Zitronen oder Limetten abziehen. Zitronen- oder Limmettenschale über die Ricottabällchen streuen.
- Schwarzen Pfeffer im Mörser grob zerstoßen und ebenfalls auf die Bällchen streuen.
- Aus Öl, Zitronensaft und Salz eine üppige Vinaigrette mischen (evtl. die Mengen verdoppeln) und über die Ricottabällchen träufeln.
- Dill hacken und verschwenderisch darüber streuen.
- Mit frisch aufgebackener Ciabatta oder Baguette essen.

Die schnellsten Nudeln der Welt

Für 4 Personen

400 g Pasta (z.B. Penne)
300 g Feta
1 Bund Rucola
Peperoncini
Knoblauch
Salz

- Die Nudeln in reichlich Salzwasser *al dente* kochen.
- Inzwischen Feta in kleine Würfel schneiden, Rucola waschen, trocken schleudern und klein schneiden, reichlich Öl erhitzen.
- 2–3 Peperoncini (Mutige nehmen mehr) und 3 Knoblauchzehen hinzufügen. Wenn die Knoblauchzehen goldbraun sind und das Öl aromatisiert haben, nehmen Sie sie aus dem Öl.
- In der Zwischenzeit haben Sie die Pastaschüssel angewärmt. Nun kommen die Nudeln mit dem Feta und dem Rucola in die Schüssel und werden mit dem (höllisch) heißen Öl übergossen und vermischt.
- Jetzt zeigt sich, ob Sie den richtigen Feta gekauft haben. Er sollte cremig schmelzen. Machen Sie bitte einen ganz langen Arm, wenn Sie das Öl hinzufügen. Es spritzt fürchterlich!
- Übrigens schmecken die schnellsten Nudeln der Welt auch mit glatter Petersilie anstelle von Rucola.

Scharfe Karotten mit Minze

Für 4 Personen

1 kg Karotten
2–5 Peperoncini
frische Minze
Knoblauch
Olivenöl
Salz

- Karotten schälen und in ca. 1 cm dicke Scheiben schneiden.
- Reichlich Olivenöl sanft erhitzen und die Peperoncini hinzufügen. Anfänger nehmen zwei, Leute, die's scharf mögen, nehmen vier oder mehr. Finden Sie die für Sie richtige Schärfe heraus!
- Karotten im Öl *al dente* garen (nicht bräunen), Knoblauchzehen in dünne Scheiben schneiden und zu den Karotten geben. Diese sollen nur kurz mit dem Öl in Berührung kommen und nicht gar gekocht oder braun gebraten werden.
- Jetzt kräftig salzen und vom Herd nehmen.
- Verschwenderisch viel Minze drüber bzw. drunter. Lauwarm oder kalt servieren.

Praktisch, quadratisch, gut – Eine Standardküche

Ingrid Noll

Wenn (sie) plötzlich die Tür des Schrankes auftat (...), so vermochte sie selbst nicht dem Aroma aller dieser narkotischen Gerüche zu widerstehen und musste für einen Augenblick ihr Gesicht abwenden. In der Vorratskammer waren Schinken an die Decke gehängt (...), dann gab es da noch Käse ...

Iwan A. Gontscharow, *Oblomow*

Ganz klar, dass die Küche einer der berühmtesten deutschen Krimiautorinnen Anlass zu Spekulationen gibt – schließlich morden ihre Heldinnen ja meistens mit Gift. Doch nach einer Giftküche sieht Ingrid Nolls Küche wahrlich nicht aus. Hier gibt es weder Reagenzgläser mit seltsam gefärbten Flüssigkeiten, noch giftige Kräuter auf der Fensterbank und schon gar keine ledergebundenen Rezeptbücher mit blassblauer Tintenschrift. Und es steht auch kein Mixer darin, mit dem man Fischgräten zerhacken und danach in tödliche Klopse kneten könnte – wie es eine ihrer »Heldinnen« tut.

Ganz im Gegenteil, der kleine Raum strahlt urdeutsche Normalität aus: Hier wurde jahrzehntelang mindestens einmal täglich von einer berufstätigen Mutter für eine sechsköpfige Familie gekocht, früher manchmal eher aus Pflichterfüllung denn aus Lust.

Bei schönem Wetter wird vor der Küche im Garten geschnippelt (linke Seite).

Als Kind hatte Ingrid nicht den leisesten Hauch einer Ahnung, dass eine Frau auch kochen können sollte. In dem Haus ihrer Eltern in Nangking in den 1930er und 1940er Jahren wurden das Kochen und alle anderen Hausarbeiten selbstverständlich von Dienern erledigt. Die Küche befand sich auf der anderen Seite des Gartens beim Dienerhäuschen, und da wurde noch über offenem Feuer gekocht. Auf Tabletts brachte man die Speisen hinüber ins Esszimmer, wenn es regnete unter einem Schirm. Die Diener bereiteten in dieser Küche auch ihre eigenen Mahlzeiten zu, und die fanden die deutschen Kinder viel leckerer als das, was in ihrem

Esszimmer auf den Tisch kam. So verschwanden sie oft heimlich in die Dienerküche, setzten sich auf die Holzböcke am Feuer, sperrten den Mund auf und ließen sich mit Stäbchen füttern, zum Beispiel mit knusprig gebratenen Kartoffelschalen oder anderen Resten der »offiziellen« Mahlzeit. Den Eltern missfiel dieses Schnorren, doch ihre Verbote wurden unterlaufen, und den Dienern machten die hungrigen deutschen Kinder offensichtlich Spaß.

Damals prägten sich Ingrid die Düfte ein, die auch jetzt noch ihre Lieblingsgerüche sind: Sojaöl, Sojasoße und frischer Koriander. Zu ihrem Geburtstag wünschte sie sich immer gebratene Auberginen, die bis heute zu ihren Lieblingsgerichten gehören.

Als Ingrid dreizehn Jahre war, kehrte die Familie nach Deutschland zurück; sie bedauert ihre Mutter noch heute, weil die plötzlich selbst kochen sollte, und dann auch noch in einer Zeit der rationierten Lebensmittel und -marken, und für eine Familie, die nur bestes chinesisches Essen kannte. Die an Gaumenfreuden gewöhnten Sprösslinge nörgelten und meckerten, und erst als die Großmutter das Kochen übernahm, herrschte wieder Frieden im Esszimmer.

Ingrid heiratete jung und zog mit ihrem Mann in das Haus, in dem sie nun schon seit mehr als vierzig Jahren wohnen. Sie richtete sich mit bescheidenen Mitteln ihre erste Küche ein, und hat daran nie viel geändert.

»Natürlich ist das schon der soundsovielte Herd, ich glaube, der fünfte. Und auch die Spülmaschine musste schon ein paar Mal ausgewechselt werden. Aber im Prinzip ist es immer noch die gleiche Küche, und eigentlich hat sie sich doch ganz tapfer gehalten. Ich gehöre eben zu der Generation, die ungern wegschmeißt, was eigentlich noch funktionstüchtig ist.« Sie lächelt und seufzt. »Aber meine Traumküche ist das nicht – die sähe ganz anders aus.«

Etwa so wie die in dem alten Bauernhaus ihrer Freundin: ein großer gemütlicher Raum, in dem viele Menschen um einen

Nicht nur ein Augenschmaus – mit Pfifferlingen gefüllte bunte Paprikas (unten und ganz unten).

Ihre Lieblingsringe aus Jade legt Ingrid beim Kochen nicht ab (linke Seite).

Wirkungsvoll platziert – der umrankte Krug und das Ergebnis jahrelanger Sammelei (links und unten).

Unerschöpflicher Kräutervorrat direkt vor der Küche (rechte Seite).

Tisch herum sitzen und klönen können, während köstliche Düfte durch den Raum wabern. Wo überall gesammelter Trödel steht und unterm Tisch der Hund liegt und allen die Füße wärmt …

Ein größerer Raum hätte ja auch den Vorteil, dass mal jemand helfen könnte, doch in ihrer kleinen Küche sind zwei Personen fast schon zu viel. Trotzdem erfuhr Ingrid Entlastung in der Küchenarbeit. Seitdem ihr Mann sich aus dem Berufsleben zurückgezogen hat, kocht er mit. Sie freut sich, dass er zu den Männern gehört, die sich an der Küchenarbeit beteiligen, auch wenn das manchmal zu Kompetenzgerangel führt – wenn er zum Beispiel die Schränke neu und anders einräumt, und sie dann die Dinge nicht mehr am vertrauten Platz wiederfindet. Doch inzwischen haben sie sich so weit angenähert, dass sich beide problemlos zwischen Töpfen und Zutaten zurechtfinden.

Und eines ist klar: Noch nie hat Ingrid das Kochen so viel Spaß gemacht wie heute. Sie genießt es, mit Muße Gäste zu bekochen. Die Aromen von Öl und Wein, der Duft der frisch gepflückten Gartenkräuter, die mit Sahne verfeinerte Bratensoße – das sind für sie himmlische Genüsse.

Auf dem Markt lässt sie sich gern inspirieren, und auch mal von einem Rezept aus einem Kochbuch, aber sie wandelt Rezepte meist spontan ab. Ganz im Gegensatz zu ihrem Mann, der strikt nach Kochbuch kocht und sie immer wieder in Erstaunen versetzt, was dabei Leckeres herauskommen kann. Wer von beiden kocht, bestimmt, was auf den Tisch kommt. »Und der andere hat dann auch gefälligst nicht zu meckern.«

Und wie chinesisch kocht eine, deren Vorlieben für bestimmte Gerichte in Ostasien geprägt wurden? Bei der Erinnerung an ihren letzten China-Besuch läuft ihr heute noch das Wasser im Mund zusammen – so köstlich hat es ihr da geschmeckt. Ingrid bedauert, dass man viele der dort typischen Gewürze oder Gewürzmischungen in Europa nicht erhält, denn das Essen in hiesigen Chinalokalen hat mit der gehobenen chinesischen Küche wenig zu tun: »Die kleckern hier meistens eine süß-saure Soße drüber und alles schmeckt gleich.« Trotzdem wagt sie sich immer mal wieder an chinesische Rezepte heran und nennt die eigenen Versuche in dieser Richtung bescheiden »chinesisch empfunden«. Aber auch die europäische Küche hat viel zu bieten, und Ingrid liebt vor allem die italienische Küche. Da ist es dann auch nicht verwunderlich, wenn in einem ihrer letzten Romane zwei deutsche – höchst kriminelle – junge Frauen eine italienische Köchin haben.

Deftige Gemüseaufläufe

Überbackene Paprikaschoten

Für 6 Personen

3 rote und 3 gelbe Paprikaschoten
50 g Schinkenwürfel
1 große Zwiebel
250 g Pfifferlinge
Schnittlauch
Weißbrot
Olivenöl
Salz
Pfeffer

- Die Paprikaschoten der Länge nach halbieren und auskratzen. Dann die Schoten mit einem Pinsel auf der Innenseite mit Olivenöl bestreichen und im Mikroherd oder Backofen (Ölseite nach oben) 10–15 Minuten garen.
- Inzwischen Pfifferlinge putzen, Zwiebeln und Schnittlauch klein schneiden. In einer schweren Pfanne Schinkenstückchen und Zwiebeln andünsten, die Pilze dazugeben und alles auf kleiner Flamme braten. Salzen, pfeffern und mit ein wenig Wein ablöschen.
- Die Pilze in die Paprikahälften füllen, mit Schnittlauch bestreuen und lauwarm servieren; jeder kriegt eine halbe rote und eine halbe gelbe Paprikaschote.
- Dazu frisches Weißbrot und ein Gläschen Wein. Wenn man mag, auch noch grünen Salat.

Auberginenauflauf

Für 6 Personen

Das Gemüse:

3 EL Olivenöl
6 große Auberginen
Erdnussöl zum Frittieren
2 EL Oregano
Salz
Pfeffer
300 g Mozzarella

Für die Soße:

1 Dose Tomaten
3 Knoblauchzehen
5 EL Olivenöl extra vergine
Salz, Pfeffer
frische Kräuter

- Olivenöl erhitzen, den gepressten Knoblauch darin bei mittlerer Hitze glasig dünsten. Die Tomaten hinzugeben und bei niedriger Temperatur mindestens ½ Stunde köcheln lassen, bis die Soße sämig ist. Mit frischen Kräutern würzen: Basilikum, Thymian, Petersilie, Oregano, Zitronenthymian. Salzen und pfeffern.
- Die Enden der Auberginen abschneiden und sie längs in Scheiben schneiden. In eine große Pfanne Erdnussöl gießen, etwa ½ bis 1 cm hoch. Stark erhitzen. (Die richtige Temperatur ist erreicht, wenn am Holzstiel eines Kochlöffels Bläschen aufsteigen.) Die Auberginen darin nach und nach goldgelb frittieren. Auf Küchenpapier abtropfen lassen und mit Oregano bestreuen. Salzen und pfeffern.
- Den Backofen auf 180 Grad vorheizen. Den Boden einer Auflaufform mit Auberginen belegen. Mozarella in Scheiben schneiden. Jetzt immer abwechselnd eine Lage Mozarella, Tomatensoße und wieder Auberginen in die Form schichten, mit Auberginen aufhören.
- Etwa 20 Minuten backen. Danach kurz abkühlen lassen und servieren.

Kartoffelgratin

Für 6 Personen

1 kg Kartoffeln
1 Becher Sahne
1 Döschen Safran
Salz, Pfeffer

- Kartoffeln in ca. 20 Minuten fast gar kochen (wer möchte, gibt etwas Kümmel ins Kochwasser), dann unter kaltem Wasser abschrecken, pellen und in dünne Scheiben schneiden.
- Den Backofen auf 220 Grad vorheizen. Eine feuerfeste Form einfetten und die Kartoffelscheiben dachziegelartig hineinlegen, salzen und pfeffern. Safran unter die Sahne rühren, dann über die Kartoffeln gießen. Auf die mittlere Schiene in den Ofen stellen und etwa ½ Stunde überbacken, bis die Spitzen der Kartoffeln gebräunt sind.
- Dieses Grundrezept kann je nach Jahreszeit oder Vorräten erweitert werden: mit Speck, Zwiebeln, Paprika, Zucchini, Brokkoli oder Steinpilzen. Und wer es deftig liebt, kann auch noch 300 g geriebenen Gouda oder Emmentaler darüber streuen.

Werkstatt einer Küchenfee – Mina Noubadji-Huttenlocher Eine Museumsküche

(...) alles trug sie heim in ihre Küche mit dem gefliesten Boden, sonderte jedes von jedem, richtete ihr Feuer, füllte die Töpfe bis zum Rand und vergaß nicht Zucker und Hefe.

Laurie Lee, Des Sommers ganze Fülle

Die Küche ihrer Kindheit lag für Mina Noubadji-Huttenlocher auf zwei Kontinenten: Da gab es einmal die algerische Küche in Afrika und dann die schwäbische in Europa.

Bei ihren beiden Großmüttern lernte die Tochter eines Algeriers und einer Deutschen sehr gegensätzliche Welten kennen – doch das war für Mina nie ein Problem. Sie fand, dass sich diese beiden Welten hervorragend ergänzten.

So genoss sie in Nordafrika die südländische Atmosphäre einer offenen Küche zum Innenhof, an dessen Mauern sich Weinreben emporrankten und wo auch ein Brunnen war, der kostbares Wasser lieferte. An der Feuerstelle buk die Großmutter die saftigen, dunkelgrauen Fladen aus Roggenmehl, die Mina allerdings damals nicht so mochte wie das Bauernbrot ihrer schwäbischen Oma, das sie als Kind zur Bäckerei bringen durfte. Die Sommer verbrachte Mina damals in Deutschland, und sie erinnert sich genießerisch an den Duft von frisch gebackenen Brot oder von braunen Soßen zum Sonntagsbraten – und erst die Zwiebelsoße ...

In Algerien mochte sie die Düfte von Kerbel und Kümmel, der Gemüsesuppen und der Früchte. Ihrer Mutter sei es leicht gefallen, sich in die Küchenwelt der neuen Heimat einzuleben: »Die Couscous-Rollen gelangen ihr besser als den Algerierinnen!«, erklärt die Tochter stolz.

Kostbare Nahrung – für Demeter dekorativ arrangiert (linke Seite).

Nach dem Tod der Mutter nahm Mina als Älteste von fünf Kindern deren Platz in der Küche ein. Das war nicht immer ein Vergnügen, aber es war notwendig, und sie kam dieser Aufgabe freiwillig nach. Küchen sind und gehören für Mina zum Mittel-

Eine alte Schnabeltasse zwischen Sammlerstücken an der Wand.

punkt des Lebens, zu »einem« Mittelpunkt, denn für sie hat das Leben mehrere Mittelpunkte.

Ihre erste eigene Küche hatte schon damals das, was Mina »funktionelle Ecken« nennt: wie etwa eine in die Arbeitsfläche eingelassene, von bunten Fliesen eingefasste Marmorplatte, ihre Backecke, denn Mina backt leidenschaftlich gern. Und schon damals hängte sie Küchenutensilien wie Backformen oder Holzbrettchen an die Wände. Sie sammelte Kaffee- und Teekannen und präsentierte sie an geeigneten Plätzen. Getrieben von ihrer Sammellust, stöberte sie auf Flohmärkten, in Trödelläden und Antiquitätengeschäften nach altem Küchengerät und schuf den wieder ins Leben beförderten Gegenständen eine Bühne.

»Ich wollte ein Paradoxon.« Sie lacht. »Ich wollte eine museale Küche, aber sie sollte keine erstarrte Welt sein, alles sollte ge- und benutzt werden können.«

Doch was wie zufällig aufgehängt oder hingestellt aussieht, sind in Wirklichkeit sorgfältig arrangierte Kompositionen, die die einzelnen Gegenstände von ihrer schönsten Seite präsentieren und deren Farben und Formen mit Bedacht aufeinander abgestimmt sind. Einen Ehrenplatz dazwischen hat Minas Kochlöffelsammlung, ihre wichtigsten Küchenhelfer. Einer allein täte es da nicht: Sie braucht viele, und zwar aus Holz, so wie die bei ihrer schwäbischen Oma. Holz in der Küche ist ihr auch aus Algerien vertraut, da aß man mit Holzlöffeln aus Holzschüsseln.

Jede Nische, jeder Winkel wird von Mina zur Bühne gemacht (rechte Seite).

Ihre heutige Küche in der Provence ist das Ergebnis jahrzehntelanger gezielter Sammelei. Dass die beiden Räume nur wenige Quadratmeter groß sind, stört Mina nicht, das erinnert sie an eine Kombüse, gleichzeitig aber auch an eine Schlossküche en miniature. Sie hat genug Platz für alles, was ihr wichtig ist, und sie liebt die Atmosphäre, die von den zwei kleinen, perfekt ausgestalteten Räumen ausgeht. »Das ist meine heimelige, heimliche und heimische Welt, alles in einem«, ulkt die promovierte Sprachwissenschaftlerin.

Dieses Wohlgefühl beim Anblick der vielen vertrauten Gegenstände ist für sie ein ganz wesentlicher Bestandteil ihrer Lebensfreude. Immer wieder stellt sie um, tauscht aus und freut sich an dem wohlgeordneten, bunten, vielfältigen Nebeneinander. Mina liebt ihre Kücheninszenierungen, aber sie kann auch über ihren »Inszenierungsdrang« lachen, der ihr bei Freundinnen den Beinamen »Küchenfee« eingetragen hat.

Da gibt es alte Keramik wie Krüge und Kannen, Tassen und Schüsseln. Eine Sammlung von Holzbrettchen, und dazwischen Bilder und Blumen, schöne alte Leinentücher oder bunte Topf-

»Backen ist wie Meditieren«, meint Mina. »Du brauchst Kraft, Hingabe und Konzentration.«

Im Hof ihres provenzalischen Bauernhofs präsentiert Mina stolz ihre Teigwaren.

lappen: ein Ensemble aus Nützlichem und Dekorativem, aus Notwendigem und Überflüssigem. Zu vielen Sammelstücken weiß sie Geschichten über das Alter, die Herkunft, die ursprüngliche Bedeutung zu erzählen. Eine Pfeffermühle aus dem 17. Jahrhundert nimmt sie mit beinahe zärtlicher Behutsamkeit in die Hand und zeigt, wie die funktionierte.

Seitdem sie als Neunjährige ihre erste Suppe auf den Tisch brachte, liebt sie das Kochen, stöbert gern in ihrer großen Kochbuchsammlung, um die Rezepte dann auf ihre Weise abzuwandeln. Eines ihrer Lieblingsgerichte hier mitten in der Provence sind – Spätzle, richtig vom Brett geschabt, wie man das in Schwaben macht. Oder sie kocht Couscous und serviert dazu grünen Pfefferminztee. Doch auch die Haute Cuisine hat es ihr bisweilen angetan, und das bedeutet für sie nicht, einen Klacks Crème fraîche in jede Soße zu rühren, sondern richtig mit Raffinement zu kochen.

Den großen Küchengarten bestellt Mina ganz allein und sie genießt es jedes Mal, wenn sie mit ihrem gefüllten Korb zurückkehrt: Zucchini, Auberginen und Tomaten gedeihen hier oben auf

dem karstigen Hochplateau ebenso wie alle wichtigen Küchenkräuter, besonders Bergbohnenkraut, Thymian und Rosmarin, die nach Minas Meinung ohnehin zu fast jedem Gericht gehören. Nur typisch deutsches Gemüse wie Kohlräble oder Meerrettich muss sie auf dem Markt kaufen. Stolz zeigt sie Gläser mit eingemachten Früchten oder Gemüse, baut auch schon mal ein paar besonders farbenprächtige zu einer Pyramide auf einem kleinen Tisch auf und wenn sie vor lauter Schönheit nicht gegessen werden, bleiben sie zur Zierde dort stehen, zusammen mit Schälchen voller Nüsse oder Kräuter, als ein kleiner Altar für Demeter, ein sinnlicher Beweis für die Schönheit und die Gegenwart von Nahrung. Doch Mina fühlt in ihrem kleinen Küchenmuseum auch die Gegenwart anderer Küchengöttinnen: die ihrer Ahninnen, die ihr beim Kochen immer über die Schulter schauen und sich freuen, wenn es gelingt.

Mina lacht. »Und wenn es misslingt, machen sie sich lustig über mich.«

Ein Besuch im winzigen Küchenmuseum offenbart reizvolle Stillleben aus Sammelstücken und Nahrungsmitteln.

Kleines Herbstessen

Rucolasalat

Für 4 Personen

Für den Salat:
je eine Hand voll Salbeiblätter und glatte Petersilie
1 EL Butter
2 Knoblauchzehen
2 EL Olivenöl
100 g junger Spinat
100 g Rucola
2 Hand voll Weißbrotwürfel
20 grüne Oliven

Für die Vinaigrette:
6 EL Olivenöl
2 EL Rotweinessig
1 EL Balsamico
½ TL scharfer Senf
Salz, frischer Pfeffer

- Salbei und Petersilie in heißer Butter rösten.
- Knoblauch pressen, in heißem Olivenöl kurz anbraten, dann die Weißbrotwürfel unter Wenden darin kross rösten.
- Spinat, Rucola und Kräuter mischen. Die grünen, entsteinten Oliven hinzufügen. Die Zutaten für die Vinaigrette im Glas schütteln, dann den Rucolasalat beträufeln und mit den Croutons bestreuen.

Broccoliauflauf

Für 4 Personen

2 junger Broccoli-Köpfe
4 große Süßkartoffeln mit weißem Fleisch
5 Peperoni in allen Farben (gelb, rot, grün, dunkellila)
2 Knollen frischer Knoblauch
100 g sehr reife Tomaten
500 g frische ungeschälte Kastanien
1 Zweig Rosmarin und Thymian
Olivenöl
eine Hand voll schwarze Oliven
Salz und Pfeffer (je nach Geschmack)

- Broccoli und die Kartoffeln *al dente* kochen und mit kaltem Wasser abschrecken. Die Kastanien in Wasser kochen. Die Peperoni fein hacken und zusammen mit den geschälten ganzen Knoblauchzehen, den Schalotten, Kräutern, Öl und Salz leise köcheln lassen.

Zum Servieren:

- Eine große runde feuerfeste flache Schüssel buttern, auf der einen Seite die Broccoliröschen dressieren, die geschälten Süßkartoffeln in grobe Stücke schneiden und gegenüber platzieren, in die Mitte die Peperonicreme geben, mit den geschälten Kastanien im Wechsel mit den schwarzen Oliven das Gericht umrunden, alles noch einmal kurz in den Ofen schieben, vor dem Servieren mit frisch gehackter Petersilie bestreuen.
- An Stelle der Kastanien können auch bunte Schupfnudeln gereicht werden.

Frische Feigen mit Ingwerkonfekt

Für 4 Personen

4 frische Feigen
12 Stücke Ingwerkonfekt
eine Hand voll geschälter Mandeln
6–8 Stückchen bittere Schokolade

- Feigen, Konfekt und Mandeln klein schneiden und vermengen, geriebene Schokolade auf vier Portionen verteilen.

Mitten drin eine Metzgerbank –
Jacqueline und Jean-Claude Picard
Die Küche eines Malers

Es war eine hübsche Küche (...) Kupfertöpfe hingen überall, (...) es gab Messer mit Klingen, die über die Jahre schon ganz dünn geworden waren vom Schärfen, der Herd hatte eine Platte aus Gusseisen, auf einem Regal standen abgegriffene Kochbücher, und der runde Tisch bestand aus mit Narben übersätem, dickem Holz.

Peter Mayle, Hotel Pastis

Mitten in der großen Küche steht ein mächtiges Möbelstück. Ein Tisch? Nein, eigentlich ist es viel mehr!

Jean-Claude lacht. »Das hier ist in Wirklichkeit ein ganzer Metzgerladen: der Holzblock, auf dem das Fleisch zerteilt und zurechtgeschnitten wurde, die kleine Marmorplatte an der Seite, auf der die Waage stand, hier in der kleinen Schublade an der Seite war die Ladenkasse, und in der einen der beiden großen Schubladen wurden die Gewürze für die Braten oder Hackmischungen aufbewahrt, in der anderen lagen die Bögen Einwickelpapier. *Voilà – toute une boucherie!*«

Seine Begeisterung für *l'étale de boucher*, den Hackklotz mit Anbau, in dem sich ein ganzer Metzgerladen verbirgt, ist deutlich herauszuhören. Vor etwa zwanzig Jahren sah er das kostbare, seltene Stück in einem Antiquitätenladen in Nîmes und griff sofort zu. Diesem Monstrum konnte er nicht widerstehen, auch wenn seine Frau Jacqueline skeptisch den Kopf schüttelte, denn die damalige Wohnung war für solch ein Ungetüm viel zu klein.

Danach stand das gute Stück erst einmal jahrelang in Jean-Claudes Atelier, in den Schubladen lagen Pinsel und Farbtuben, auf dem ehemaligen Hackbrett türmten sich Papierstapel von Skizzen und Zeichnungen zwischen noch mehr Farbtuben.

Das wichtigste Küchenmöbel ist die ehemalige Metzgerbank (rechte Seite).

Doch dann war es endlich so weit: Jacqueline und Jean-Claude zogen in ihr Traumhaus, das Jean-Claude nicht nur zum großen Teil selbst entworfen, sondern an dem er auch nach Kräften mit gebaut hatte. Ein ganz wichtiger Raum war natürlich die Küche,

Große Braten bereitet Jacqueline heute nur noch für ihren Mann und Gäste zu – das macht viel mehr Spaß als früher.

und die wurde rund um die Metzgerbank gestaltet: Jetzt konnte der Tisch endlich wieder in seiner ursprünglichen Funktion eingesetzt werden. »Verrückt«, sagt Jacqueline und verkneift sich ein Lächeln. »Ich hätte nie gedacht, das wir dieses schwere Ding wirklich noch mal gebrauchen könnten.« Mittlerweile schnippelt, knetet und schneidet sie wirklich ganz gern darauf, denn der dicke Holztisch bietet eine schöne Arbeitsfläche – die Metzger damals wussten schon, worauf sich gut arbeiten lässt.

Die massive Holzplatte zeigt die Spuren von jahrzehntelangem Hauen, Säbeln und Hacken – und immer noch wird sie nach vollendeter Arbeit kräftig geschrubbt. Aber abgesehen vom Metzgertisch und einem *buffet du berger*, dem alten Küchenschrank, den sie wirklich bei einem Schäfer entdeckten, sowie Jacquelines Waffeleisensammlung, ist die Küche modern und mit allem notwendigen Komfort ausgestattet.

Natürlich hat Jean-Claude auch die Küche selbst entworfen, denn er ist nicht nur Maler und Bildhauer, sondern auch Architekt, Maurer, Schreiner, Fliesenleger, Installateur, Elektriker und, wenn er dazu Lust hat, auch Lampendesigner.

Eine leere weiße Wand in der Küche ist seiner Kunst vorbehalten und auch jetzt hängt dort ein großes Bild in leuchtenden Farben – abstrakt? Nein, wenn man genau hinschaut, entdeckt man inmitten der Farbflächen eine Zitrone und eine Pepperoni. Jean-Claude schätzt gutes Essen sehr und deshalb bringt er es auch manchmal auf die Leinwand. Zitronen, zum Beispiel, tauchen häufig auf seinen Bildern auf, mal als Mittelpunkt, mal als Beiwerk – weil sie schön sind, saftig und köstlich.

Jean-Claude wählt die Früchte, das Gemüse oder das Fleisch immer sehr sorgfältig aus, denn er ist der Einkäufer, Jacqueline die Köchin. Seine Aufgabe in der Küche ist eher traditionell: Er ist zuständig für den Grill, ansonsten überlässt er aber die Küche seiner Frau.

Dabei war Jacqueline gar nicht auf die herkömmliche Frauenrolle vorbereitet gewesen, vor ihrer Hochzeit hatte sie nie gekocht. Doch dann entdeckte sie, dass ihr die zunächst lästige Pflicht Spaß machte, und sie holte sich von ihrer spanischen Mutter die alten Familienrezepte. Sie bevorzugt eine Mischung aus allen nationalen Küchen rund ums Mittelmeer: Hauptsache, es sind Zwiebeln dabei und es duftet nach Thymian. Besonders gern bereitet sie *olives farcies* zu, und Ratatouille, aber auch Canneloni.

Voller Stolz erzählt sie, das zwei ihrer drei erwachsenen Töchter hervorragend kochen können, und die dritte – tja, das ist schon komisch: deren Mann hat ein Restaurant und dort isst sie immer, deshalb kocht sie nicht selbst. Jacqueline kann das verstehen: Kochen ist ein Vergnügen – aber nur, wenn man nicht täglich an den Herd muss. Deshalb ist sie auch ganz froh darüber, dass sie nicht mehr jeden Tag für ihre Familie kochen muss.

Ganz anders bei Gästen! Die kann man nicht hungrig gehen lassen, sie will rasch eine Lammschulter aus der Gefriertruhe aus dem Anbau holen. Doch sie kehrt mit leeren Händen zurück: Der Schlüssel steckt von innen! Nun ist Jean-Claude gefordert, und natürlich nimmt er die Herausforderung an: Strahlend kehrt er mit dem Braten wieder, denn so einem Allroundtalent kann keine Tür widerstehen: Er ist durch die Katzentür hineingelangt – wie, das verrät er nicht.

Stolz präsentiert Jean-Claude frische Trauben vom Markt.

Die Metzgerbank (rechts) und das Lieblingsbild des Malers.

Provenzalisches Sonntagsmahl

Lammschulter à la provençale

Für 6 Personen

1 Lammschulter (ca. 1 kg)
2 Knoblauchzehen
Salz, Pfeffer
Thymian
½ l kochendes Wasser
½ l Weißwein
1 große Zwiebel
2 Tomaten

Für die Soße:

⅛ l Weißwein
⅛ l saure Sahne
1 TL Kartoffelmehl
Salz, Pfeffer

- Lammschulter kalt abspülen, abtrocknen. Mit Knoblauchstiften spicken und mit Salz, Pfeffer und Thymian einreiben. In die Fettpfanne legen und mit dem kochenden Wasser begießen. In den vorgeheizten Ofen auf die unterste Schiene schieben und bei 250 Grad 1 ½ Stunden braten. Währenddessen immer wieder mit der Flüssigkeit aus der Fettpfanne und Weißwein begießen. Nach 45 Minuten umdrehen.
- Zwiebel schälen und grob würfeln, Tomaten enthäuten, klein schneiden. Eine halbe Stunde vor Ende der Garzeit zum Braten geben und mitschmoren lassen.
- Braten herausnehmen und warm stellen.
- Den Bratenfond mit Weißwein loskochen. Saure Sahne und Kartoffelmehl verrühren, die Soße damit andicken und aufkochen lassen. Durch ein Sieb geben, abschmecken und getrennt zum Braten reichen.

Schnelle Fritten mit Schale

Für 6 Personen

1 kg Kartoffeln
3 EL Öl
1 EL Salz (und je nach Geschmack entweder 1 EL Paprika, 1 EL Curry oder 1 TL Cayennepfeffer)

- Kartoffeln gründlich mit der Schale waschen und trocken reiben. Je nach Größe sechsteln oder achteln.
- Öl, Salz (und die Gewürze) in eine hohe Schüssel geben und vermengen, Kartoffelschnitze dazugeben und gut durchmischen.
- Die Schnitze dann auf ein mit Backpapier ausgelegtes Backblech legen und ca. 20 Minuten bei 300 Grad rösten.

Apfel-Ingwer-Nachspeise

Für 6 Personen

3 Äpfel
2 Gläser Weißwein
eine Hand voll sehr fein gehackte, süß eingelegte Ingwerstücke (oder zwei walnussgroße Stücke frischer Ingwer geraspelt)
3 Eigelb
125 g Zucker
1 Tütchen Gelatine
1 Becher süße Sahne

- Gelatine nach Anweisung quellen lassen.
- Äpfel schälen, in kleine Stücke schneiden und zusammen mit dem Ingwer knapp mit Wasser bedeckt weich kochen. Wein dazugießen. Etwas abkühlen lassen.
- Eigelb mit Zucker steif schlagen und unter die Apfel-Ingwermasse ziehen. Gelatine darunter ziehen. Ca. 5 Stunden in den Kühlschrank stellen.
- Vor dem Servieren die steif geschlagene Sahne darunter ziehen, nach Bedarf nachzuckern.

SLAVONICE
Edelweiss

Rund um die Pec – Eine alte slawische Küche

Vera Sazimovà

Der gemauerte Herd, an dem die Frau des Waldarbeiters, die Lovise gerufen sein wollte, ständig hantierte, wärmte gut durch. Immer war Malzkaffee heiß und lag im Korb ein Laib Roggenbrot, von dem die Freunde sich abbrachen, weil er, so frisch gebacken, Heißhunger machte.

Günter Grass, Der Butt

Von Wien führt die Reise über sanft gewellte Hügel, zwischen Feldern und Wäldern mit kleinen Badeseen hindurch nach Böhmen, in das Herz Tschechiens. Manchmal reckt sich ein Kirchturm zwischen den Hügelfalten empor, und wie Küken um eine Henne scharen sich die Häuser um die Kirche eines kleinen Dorfes. Es ist Sommer, und man fühlt sich unwillkürlich in eine Welt vor hundert Jahren versetzt, Nostalgie breitet sich aus.

Mlada Vozice ist ein hübsches Städtchen mit einem bröckelnden Barockschloss, das seiner vornehmen Vergangenheit als Luftkurort nachtrauert, als sich die Prager hierher flüchteten, um den Lärm und Schmutz der Goldenen Stadt für kurze Zeit gegen die Ruhe und Frischluft eines malerischen Städtchens einzutauschen,.

»Natürlich findest du hier in den Dörfern keine alte Bauernküche mehr«, meint Vera Sazimovà, quirlige achtzig Jahre jung. »Die wollen doch jetzt alle das Kunststoffzeug, viel Elektrik und Automatik. Da werden die alten Küchen rausgerissen und es kommt eine Einbauküche aus dem Katalog rein, rums, bums!« Sie lächelt verschmitzt. »Alte Küchen findest du heute nur bei Pragern, die aufs Land ziehen, bei Aussteigern und Künstlern. Aber es gibt ja auch Erben ...«

Vera hat ihren Freunden böhmische Kolatschen mitgebracht (linke Seite).

Die Küche von Veras Freunden sieht aus wie aus einem Bilderbuch, doch sie ist kein Ausstellungsraum, sondern wird immer noch täglich benutzt. Das zeigt sich in der Art, wie Traditionel-

Die Küchenecke, wo vor 200 Jahren die Fuhrleute ihr Bier tranken.

Die typische blaue Keramik aus der Krikow-Töpferei.

les und Modernes sich harmonisch ergänzen: Der gusseiserne Topfuntersetzer hängt über dem automatischen Backofen, die Tütensuppe steckt in einem alten irdenen Töpfchen, die elektrischen Kochplatten stehen auf einem antiken Unterschrank, der Fernseher thront auf dem Kühlschrank, Postkarten aus aller Welt stecken an den Scheiben der alten Kredenz, das Telefonbuch liegt neben dem eselsohrigen Bauernkalender. Ein kleines Weihwasserbecken hat an der Wand ebenso seinen Platz wie das Foto des Papstes und daneben hängen Säckchen, die mit selbst gesammelten Kräutern gefüllt sind. Das täglich benutzte Geschirr aus dem Böhmerwald gehört zu den letzten Stücken, die der einstmals berühmte Betrieb Krikow bis in die 1930er Jahre hinein herstellte – dann wurde er im Verlauf der politischen Umwälzungen geschlossen.

Hier stehen, hängen und liegen zweihundert Jahre alte Dinge neben Gegenständen aus der unmittelbaren Gegenwart, und immer noch wird hier gekocht und gebacken. Doch viel Zeit wird darauf nicht verwandt, weil auch einfache Gerichte sehr gut schmecken und weil es schöner ist, im Gärtchen nebenan im Halbschatten am Tisch zu sitzen als am Herd zu stehen.

Das Haus wurde von den Urgroßeltern des jetzigen Besitzers, einem emeritiertem Professor aus Prag, erbaut. Vor zweihundert Jahren war es das letzte Haus in der Straße – hier hatte sich die Urgroßmutter einen florierenden Nebenerwerbszweig geschaffen, einen Bierausschank, während ihr Mann unten in der Stadt als Bäcker arbeitete. »Da Kafkovà« stand damals über der Tür, daran kann der Enkel sich noch heute erinnern. Neben dem Haus stellten die Fuhrleute ihre Karren ab, und die Pferde wurden im Stall auf der anderen Seite des Flurs untergebracht, der inzwischen ein gemütliches Arbeitszimmer ist.

Dort, wo jetzt der Esstisch mit Eckbank steht, stand damals ein runder Tisch, an dem die Gäste saßen und die Bierseidel stemmten. Frauen gingen nicht ins Wirtshaus, und auch bei den Männern war es nicht üblich, den ganzen Abend im Gasthaus zu verbringen. Hier machte man nur kurz Rast, wärmte sich auf und trank einen Schluck.

Das Wichtigste in der Küche war aber schon damals ein gemauertes Monstrum, das etwa ein Viertel des Raumes einnimmt: die Pec. Mit »Herd« wäre das multifunktionale Bauwerk viel zu einseitig beschrieben, denn eine Pec ist außerdem auch Backofen, Heizung und Lagerstatt. Man kann sich gut vorstellen, dass während der langen eisigen Winter in Mitteleuropa das warme Bett auf der Pec der gemütlichste Platz im ganzen Haus war. Hier kuschelten sich abends die Familienmitglieder aneinander – oder stritten um den wärmsten Platz. An dem quer darüber hängenden Balken, dem Hambalka, wurden feuchte Handtücher oder Wäschestücke zum Trocknen aufgehängt. Vera summt ein Volkslied, in dem der Hambalka eine wichtige Rolle spielt. Eine verlassene Frau wirft ihrem Liebsten vor, er ginge mit anderen Frauen spazieren wie eine Taube, die über den Hambalka stolziert …

Mitunter diente die Pec auch als Warmwasserbehälter, doch nicht hier, denn das Haus besaß damals keine eigene Wasserversorgung. Auf dem Dach waren Fässer zum Sammeln des Regenwassers aufgestellt, und wenn die geleert waren, wurde das kostbare Wasser von der Gemeindepumpe herbeigeschleppt.

Heute bringt Vera ihren Freunden Kolatschen mit, die traditionellen süßen Hefekuchen, die mit Mohn, Marmelade oder Rosinenquark gefüllt werden.

Ein buntes Miteinander aus Alt und Neu beweist: hier wird gekocht (links).

Die getrockneten Kräuter werden in Stoffsäckchen aufbewahrt (unten).

Das ist ein besonderer Liebesdienst, denn mit Küchenarbeit hat Vera eigentlich nie viel im Sinn gehabt – gut essen, ja, aber das kann man doch auch im Restaurant! Die ehemalige Protokollchefin für Ausländerverkehr im Außenhandel hat viele Jahre in Prag gelebt, bevor sie vor einigen Jahren zurück nach Mlada Vozice zog, und wenn sie gar keine Lust zum Kochen hat, dann lässt sich die Seniorin von der Schulspeisung mitversorgen, der tschechischen Variante vom »Essen auf Rädern«. Doch hin und wieder rafft sie sich auf und backt für ihre Freunde, zum Beispiel Apfelstrudel – aber nicht den gezogenen, nein, der macht viel zu viel Arbeit. Sie lächelt und verrät hinter der vorgehaltenen Hand das Rezept für ihre Blitzvariante.

Vera Sazimovà

Böhmisches Gebäck

Apfelstrudel

Für 6 Personen

- 400 g Mehl
- 250 g Kokosfett
- ein halbes Glas Bier
- 500–1000 g Äpfel
- 100–200 g Haselnüsse
- 1 Vanillezucker
- ½ TL Zimt

- Mehl, Fett und Bier zu einem Teig verkneten und möglichst über Nacht im Kühlschrank ruhen lassen.
- Äpfel schälen, Kerngehäuse entfernen und fein schneiden, Haselnüsse hacken oder in dünne Blättchen schneiden. Äpfel, Nüsse, Vanillezucker und Zimt vermischen.
- Eine Hälfte des Teigs ausrollen, auf ein Blech legen, die Apfel-Nuss-Masse darauf verteilen, die andere Teighälfte ausrollen und darüber legen.
- Bei 200 Grad ca. 40 Minuten backen.
- Schmeckt heiß genauso gut wie abgekühlt!

Böhmische Kolatschen

Für 6 Personen

Für den Teig:

- 500 g Mehl
- 30 g Hefe
- 1 TL Zucker
- knapp ¼ l Milch
- 80 g Zucker
- 1 Prise Salz
- 3 Eier
- 170 g Butter oder Margarine

Für die Füllung:

Pflaumenmus, Kirschmarmelade oder Quark

Zum Bestreuen:

- 50 g gemahlene Haselnüsse
- 100 g Zucker

- Mehl in eine Schüssel geben. In die Mitte eine Mulde drücken. Hefe reinbröckeln. 1 TL Zucker draufstreuen. Etwas Milch drübergießen und zum Vorteig verrühren.
- 15 Minuten gehen lassen. Restliche Milch, Zucker, Salz, Eier und Fett in Flöckchen reingeben. Teig gut kneten, bis er trocken ist.
- Auf bemehlter Arbeitsfläche etwa 1 cm dick ausrollen. Runde kleine Krapfen ausstechen. In der Mitte etwas eindrücken, Pflaumenmus, Kirschmarmelade oder Quark hineingeben.
- Auf eingefettetes Backblech setzen. Mit gemahlenen Haselnüssen bestreuen. 15 Minuten aufgehen lassen.
- Den Backofen auf 200 Grad vorheizen. In den heißen Ofen schieben und ca. 20 Minuten backen. Herausnehmen und noch heiß mit Zucker bestreuen.

Auf Anhieb 13 Mützen – Die private Küche eines Profis

Holle und Tom Schmidt

Es herrschte eine berauschende Atmosphäre aus Aromen und Gewürzen, aus blubbernden Töpfen und Dampfspiralen. Teller klirrten, Pfannen klapperten und Stimmen erklangen scharf und laut. Beile schlugen auf Hackbretter, scharfe Messer stießen auf Metall.

Peter King, Mord à la Maison

Pasch, patsch, patsch … nackte Kinderfüße tapsen die Treppe vom ersten Stock in die Küche runter: Es ist Sonntagmorgen, und der kleine Tom macht jetzt gleich das Frühstück für seine Eltern und die fünf Geschwister. Freiwillig … Er backt Pfannkuchen, übergießt sie mit viel Ahornsirup, brät Würstchen und Eier mit Speck und presst frischen Orangensaft aus. Eier mit Chili und Sirup sind seine Leidenschaft – die Kombination aus pikant und süß mag er am liebsten. Das Waffelrezept mit Buttermilch, das er damals als seine erste Küchenkreation eigenmächtig abwandelte, weiß Tom Schmidt heute noch.

»Ich wollte immer schon kochen«, sagt der stolze Besitzer von 14 Mützen der Gourmetkritiker von Gault Millau. Der Nachfahre süddeutscher Einwanderer nach Kalifornien stammt aus einer Familie mit mehreren Restaurantbesitzern. Ihm war von klein auf klar, dass er mal ein *chef de cuisine* würde.

Es gehörte zur Familientradition, dass die Eltern mindestens einmal alle vier Wochen ihre sechs Kinder ins Auto luden und nach San Francisco zu einem Spezialitätenrestaurant fuhren. Besonders bevorzugt wurde vom Nachwuchs die asiatische Küche, und China Town hatte da viel zu bieten, genauso wie die japanischen Restaurants. Tom lernte schon früh außer der asiatischen auch die italienische, die mexikanische und die tunesische Küche kennen – und ganz besonders die deutsche. Seine Großmutter, eine kleine, runde, füllige Frau, war Spezialistin für

Wenn es köstlich duftet, ist Tom ganz in seinem Element (rechte Seite).

Salzina
Salinen Salz

Zimtschnecken, Buchteln, Knödel und Kartoffelsuppe: bis heute das Lieblingsgericht von Toms Vater. Auf ausgedehnten Campingtouren lernten Tom und seine Geschwister sich selbst zu versorgen: Sie warfen mit Fischresten gefüllte Kartoffelsäcke ins Flusswasser und holten bei einem solchen Fischzug manchmal einen Sack voller Taschenkrebse heraus, die dann zu Hause mit den Nachbarn bei einem großen Barbecue verspeist wurden.

Die Küche aus Toms Kindheit, in der er nicht nur sonntags begeistert herumwerkelte, war eine offene; wer immer da brutzelte oder schnippelte, konnte sich mit anderen unterhalten, hörte bei den Gesprächen zu und nahm am Familienleben teil. Eine abgetrennte Küche ist in den USA nicht üblich, und wann immer Tom während seiner Berufslaufbahn gezwungen war, in einem Raum fern der Gäste zu arbeiten, war er unglücklich. Er braucht den Kontakt zu den Menschen, die essen, was er für sie zubereitet, er möchte ihre Reaktion beobachten, Rückmeldungen erhalten, Fragen beantworten, Witzchen erzählen und ihren Gesprächen lauschen.

Die Zeit, in der Tom und seine Frau Holle vorübergehend in einem winzigen Laden eine Art Bistro-Küche betrieben, haben beide trotz aller Eingeschränktheit in guter Erinnerung, weil sie im wahrsten Sinn des Wortes hautnah mit ihren Gästen in Kontakt kamen – Gästen, die meist zu Stammgästen, manchmal sogar zu Freunden wurden. Hinter dem kleinen Ladenraum standen in einem nur zwei mal drei Meter großen Raum ein Küchentisch, ein Kühlschrank und drei Kochplatten. Dort zauberte Tom erlesene Menüs, während er gleichzeitig mitbekam, was sich im Laden tat.

Er macht keinen Unterschied zwischen schlichten und edlen Speisen: Ein Kartoffelsalat wird mit genauso viel Liebe und Einfallsreichtum zubereitet wie eine fünfzehnteilige Folge von Dim Sums, den indonesischen Appetithappen, die ihm in Bremen rasch zur Berühmtheit verhalfen.

In ihrem zweiten und größeren Bistro-Restaurant gab es dann eine verglaste, für jeden Gast einsehbare Kochstelle, wo Tom unter den kritischen Blicken der Feinschmecker dünstete, briet,

Wachteleier wollen vorsichtig behandelt werden – sonst gibt's Wachtelrührei. Anschließend wird dekoriert, denn die Augen essen mit.

Holle wird scharf beobachtet – vielleicht fällt was ab (linke Seite).

Schmausende Gäste und ein zufriedener Koch.

flambierte und schmorte und sich dabei mit jedem unterhielt, der dazu Lust hatte. Holle war besonders von den Kindern begeistert, die mit weit aufgerissenen Augen auf dem Tresen neben der Kochkabine saßen und Tom dabei zusahen, wie er die Flammen aufdrehte oder mal eben ins kochende Wasser griff, um zu prüfen, ob die Nudeln schon *al dente* waren.

Neben dem Bistro betrieb Tom auch ein Catering-Geschäft. Die von den Kunden gewünschten Gerichte kochte er oft nach Ladenschluss in seiner eigenen Küche – die zu seinem Leidwesen keine offene ist.

»Aber wenn wir Gäste haben, kriegen alle ihren Apéritif in die Hand gedrückt und stehen bei mir in der Küche, sodass ich mich nicht abgeschnitten fühle«, erklärt er. »Manche wollen mir sowieso gern beim Kochen über die Schulter schauen und die andern verkrümeln sich irgendwann ins Esszimmer und freuen sich an einer von Holles wunderschönen Tischdekorationen, da haben sie auch was zu gucken.« Denn da ist Holle in ihrem Element: immer fällt ihr etwas Originelles, Phantasievolles, oft auch Witziges als Tischschmuck ein.

Die Kombination aus kreativem Koch und vollendeter Gastgeberin funktioniert schon seit vielen Jahren hervorragend: Holle ist die Weinkennerin und Einkäuferin besonderer Spezialitäten, Tom entdeckt immer wieder neue Geschmackskombinationen und Zubereitungsarten. Natürlich ist ihm auch schon mal etwas misslungen: zum Beispiel, als der Schokoladenkuchen klitschig auf dem Blech liegen blieb. Doch die Gäste waren von dem »sitzen gebliebenen« Kuchen begeistert, und Tom musste mühevoll den Fehler herausfinden, damit der Kuchen auch beim nächsten Mal wieder so »misslang«.

Von allen Küchendüften ist Tom der von Kreuzkümmel und Koriander am liebsten, und auch Holle kann sich noch genau an den »explodierenden Geschmack« erinnern, als sie vor vielen Jahren zum ersten Mal Koriander kostete.

Toms wichtigstes Handwerkzeug ist seine Batterie an Messern, die immer sorgfältig geschliffen werden. Auch diese erhalten bald einen neuen Platz, wenn nämlich Holle und er in ihr neues Restaurant umziehen – natürlich eins mit offener Küche!

Hat denn ein Gourmet-Koch mit vierzehn Mützen ein Lieblingsessen?

Tom lacht. »Klar. Eier mit Chili und Sirup.«

»Stimmt«, bestätigt seine Frau. »Die kocht er sich manchmal auch nachts um drei.«

MAIL
Vinaigre
MILD UND

Schlemmermenü international

Jakobsmuscheln auf Tomaten

Für 4 Personen

20 aus den Schalen gelöste Jakobsmuscheln
6 große reife Strauchtomaten
1 Bund Petersilie
4 EL Erdnussöl
nach Bedarf Thailändische Fischsauce
4 EL kleine Kapern
1 Zitrone
Salz und Pfeffer aus der Mühle

- Petersilienblätter und Knoblauch klein hacken. Jakobsmuscheln putzen (Muskel abschneiden).
- Tomaten in dünne Scheiben schneiden und auf die Teller verteilen. Zitronensaft darüber träufeln.
- Pfanne erhitzen und die Teller mit den Tomaten bei 200 Grad für ca. 2 Minuten in den Ofen stellen.
- Jakobsmuscheln salzen und pfeffern. Dann die Muscheln braten (ca. 1 Minute pro Seite), die Teller aus dem Ofen nehmen und die Muscheln auf die Tomaten verteilen.
- In die Pfanne Butter geben. Knoblauch braten, danach Fischsauce, Kapern, etwas Zitronensaft und Petersilie dazugeben. 20 Sekunden mitbraten. Die Sauce auf die Jakobsmuscheln verteilen.

Labskaus périgourdine

Für 4 Personen

3 Rote Beete
2 schwarze Walnüsse, in dünne Scheiben geschnitten
1 Kopf Friséesalat
4 EL Walnussöl
2 EL Apfelessig
1 EL Zucker
Salz, Pfeffer
1 Entenconfit Brust oder Keule aus Glas oder Dose
500 g Kartoffeln (mehlig)
Salz, Pfeffer, Muskat
6 Wachteleier
Erdnussöl
Butter

- Kartoffeln schälen, in Stücke schneiden und in Salzwasser garen. Durch eine Presse drücken und mit dem Entenfleisch (von Knochen und Fett trennen und in kleine Stücke zupfen) vermischen. Mit Salz, Pfeffer und Muskat abschmecken und sechs Plätzchen formen.
- Rote Beete in Salzwasser garen, schälen, dünne Schei- ben schneiden und auf vier Teller verteilen.
- Eine Vinaigrette herstellen aus Walnussöl, Apfelessig, Zucker, Salz und Pfeffer. Den Friséesalat waschen und einige Blätter auf die Rote Beete, zum Tellerrand hin, verteilen. Die schwarzen, eingelegten Walnüsse auf die Rote Beete verteilen und dann die Vinaigrette hinzugeben.
- Die Confitplätzchen in Erdnussöl goldbraun braten und auf Küchenkrepp abtropfen lassen.
- Die Wachteleier braten und auf die Plätzchen legen. Die Plätzchen mitten auf die Rote Beete legen. Sofort servieren.

Schokoladenkuchen mit Eis

Für 6 Personen

Für das Quitteneis:
½ l Milch
6 Eidotter
125 g Zucker
ca. 200 g Quittenpüree
1 TL Vanillepulver

Für den Kuchen:
125 g Vahlrona-Schokolade
2 Eier
2 Eigelb
80 g Zucker
1 EL Mehl
125 g Butter
6 kleine Backformen
etwas Schokoladenpulver mit Mehl gemischt

- Milch mit Zucker und Vanillepulver aufkochen. Ein bisschen von der Milch mit den Eidottern aufschlagen. Alles in den Topf geben und auf kleiner Flamme die Masse eindicken lassen (für ca. 2–3 Minuten). Das Ganze durch ein Haarsieb passieren und kalt stellen. Wenn alles abgekühlt ist, das Quittenpüree untermischen und in der Speiseeismaschine gefrieren.
- Schokolade zusammen mit der Butter schmelzen. Eier, Eigelb und Zucker leicht zusammen mixen, die Schokolade-Butter-Mischung darunter heben. Das Mehl darauf streuen und unterheben. Die Förmchen gut ausbuttern und mit dem Schokopulver-Mehl-Gemisch bestäuben.
- Die Kuchenmasse in die Formen geben und im vorgeheizten Backofen (200 Grad) ca. 5–6 Minuten backen. Danach ca. 10 Sekunden abkühlen lassen und auf sechs Teller stürzen. Garniert mit einer Kugel Quitteneis sofort servieren.

Riesling

FORON
PALMIN

In der Küche einer Göttin – Klaus Schubert

Eine schrank(en)lose Küche

Gar lieblich drangen aus der Küche / Bis an das Herz die Wohlgerüche.
Hier kann die Zunge fein und scharf / Sich nützlich machen, und sie darf (...)
Von hier aus herrscht mit schlauem Sinn / Die Haus- und Herzenskönigin (...)

Wilhelm Busch, Widmung in einem Kochbuch

»Diesen Kühlschrank kriegt man aus der Küche nie mehr raus, es sei denn, man reißt eine Wand ein.« Klaus Schubert grinst bei der Erinnerung an die verblüfften Gesichter der Handwerker, die das fast zweihundert Kilo schwere Monstrum damals in seine Küche wuchteten und sich unter einem runden Kühlschrank ebenso wenig vorstellen konnten wie unter einem Induktionsherd.

»Der Schubert spinnt«, hieß es damals im Dorf. Der neue Nachbar machte alle neugierig, und die Frau des örtlichen Elektrikers kam sogar vorbei, um sich das von ihrem Mann gelieferte Wunderwerk der Technik einmal aus der Nähe anzuschauen.

Klaus Schubert arbeitet als Sicherheitsexperte in der Industrie und hat als gelernter Handwerker an moderner Technik seine helle Freude. Wenn ein besonders ausgefeiltes Gerät außerdem noch eine Augenweide ist, greift er dafür auch schon mal tiefer in die Tasche. Er liebt alles, was nicht nur funktional, sondern auch ästhetisch ein Genuss ist wie etwa sein Toaster, der von unbefangenen Besuchern auch schon für ein Radio gehalten wurde – was den Besitzer diebisch freut. Dass Klaus' Kaffeemaschine mit ihm »spricht« und ihm per Display ihre Wünsche mitteilt, findet er äußerst entgegenkommend. Die »geniale Funktionalität eines toten Gegenstands« wie etwa eines Korkenziehers, der den notwendigen Kraftaufwand auf ein Minimum reduziert, kann ihn immer wieder von Neuem in Verzückung versetzen. In seiner Begeisterung für moderne Küchentechnik macht er auch vor kleinen Schocktherapien nicht halt wie damals, als er den schwer

Klaus mit seinem stets gefüllten runden Kühlschrank (links).

Eine schrank(en)lose Küche, in der alles zum Greifen nah ist (links und rechte Seite).

Blick durch das Küchenfenster in den lauschigen Innenhof.

geprüften örtlichen Elektriker bei der Lieferung des Induktionskochfelds dazu aufforderte, einen Hundertmarkschein anzufassen, den er zwischen das Kochfeld und den Topf mit dem kochenden Wasser gelegt hatte. Der Zweifler erkannte verblüfft, dass dem kostbaren, jetzt lauwarmen Schein wirklich nichts passiert war. Danach hieß es nicht mehr: »Der Schubert spinnt.« Aber alle im Dorf wissen mittlerweile: »Der Schubert kocht.«

Obwohl Klaus und seine beiden Brüder während ihrer Kinder- und Jugendzeit in der Küche nie gern gesehen waren – »da haben Jungen nichts zu suchen« –, und Mutter und Schwester dort ganz traditionell das Regiment führten, verspürte er schon früh Lust zum Kochen. Als erste Knaben in der Geschichte ihrer Schule und zur Freude der Fachlehrerin meldeten sich der damals Vierzehnjährige und ein Mitschüler zum Kochkurs an. Dort lernte er so grundsätzliche Künste wie die Herstellung einer Mehlschwitze oder das schonende Garen von Gemüse, und schon bald waren seinem Tatendrang keine Grenzen mehr gesetzt.

Sein Studium verdiente sich Klaus als Reiseleiter und suchte sich so manches Reiseziel allein wegen seiner Neugier auf das dortige Essen aus. In China zum Beispiel versetzte er mit seiner Frage, ob er sich in der Küche bitte mal umsehen dürfte, das Personal in Angst und Schrecken, denn man befürchtete, er käme zur Kontrolle. Nachdem die chinesischen Köche aber sein ehrliches Interesse erkannt hatten, zeigten sie ihm begeistert alles, was er sehen wollte. Seitdem weiß Klaus, dass in Deutschland aus Mangel an den richtigen Zutaten und an Arbeitskräften nicht wirklich chinesisch gekocht wird, jedenfalls nicht die »gehobene Küche«.

Guave
GIFFARD
Granatapfel
huile d'Olive

WACKER'S KAFFEE
illy
LAVAZZA
ESPRESSO
Segafredo
ESPRESSO
LOS VASCOS
CABERNET SAUVIGNON
12 Blles
CHATEAU
LA TOUR MARTILLAC
12 Blles
GRAND CRU CLASSE DE GRAVES
1994
BLANC
CHATEAU SAINT-PIERRE
12 B.
1995
GRAND CRU CLASSÉ
ST JULIEN (FRANCE)
12 Blles
1995
Margaux
Margaux
CHATEAU PRIEURÉ-LICHINE
GRAND CRU CLASSÉ

Das beste deutsche China-Kochbuch, informiert er seine Zuhörerschaft, verfasste seiner Ansicht nach übrigens der Hobbykoch Wolfgang Menge. Doch auch andere Kochkulturen haben ihn tief beeindruckt und sein Kochrepertoire bereichert, wie etwa die von Usbekistan oder Mexiko.

Dabei sah das Essen seiner Kindheit alles andere als exotisch aus: Es war sächsisch, ziemlich fett und gewürzlos und bestand aus Braten, Klößen, Kartoffeln und Soße. Seine Mutter bekam nur eine schmale Rente und hatte große Mühe, die vier Kinder satt zu kriegen. Es war ein typischer »Schlechte-Zeiten-Nachkriegshaushalt«, wo bei Tisch immer auf »Aufessen« gedrungen wurde. Das Essen, besonders Fleisch, wurde genau zugeteilt, und da Klaus vom Besten immer etwas übrig ließ, weil er die Mahlzeit mit einem »guten Geschmack« beschließen wollte, musste er manches Mal mit den gierigen Brüdern um seinen Anteil kämpfen.

In bedrückender Erinnerung hat er die Familienfeste, auf denen man vor allem beweisen wollte, dass man die Gäste satt machen konnte. Solche Feiertage wurden immer schon mit einem reichlichen Frühstück eröffnet, um dann wenig später zu einem Mittagessen mit Suppe, Braten und Nachtisch überzugehen, bevor es kurz darauf mit Kaffee und Kuchen weiterging. Wenn sich dann kaum noch jemand rühren konnte, stemmte man sich zum Verdauungsspaziergang aus den Sesseln, um hinterher den Tag mit einem opulenten, meist warmen Abendessen zu beenden.

Alte Armaturen (oben), neueste Küchentechnik (rechts) und die »sprechende« Kaffeemaschine (links).

Diese Familienfeste, die nur aus Essen und Trinken bestanden, und bei denen die Köchinnen sich fast ausschließlich in der Küche aufhielten, fand Klaus Schubert schließlich unerträglich. Seither kocht er gegen jegliche Form von Mästung an: Bei ihm stehen die Koch- und Esslust an erster Stelle

In seiner ersten, winzigen Küche in einem kleinen Hamburger Gartenhaus gab es nur einen Kühlschrank, der in einem ebenso winzigen, nur durch eine Luke erreichbaren Kellerraum stand, und eine Doppelkochplatte. Einen Ausgleich bot der schöne Wochenmarkt gleich in der Nähe: Die Karriere des Feinschmeckers war nicht mehr zu bremsen. Bis heute bekocht er sich, wenn er nicht auf Reisen ist, fast täglich – und wann immer sie eintrudeln auch seine Gäste.

Nach einer Zäsur in seinem Leben verließ er vor fünf Jahren eine perfekte Einbauküche und suchte sich ein neues Domizil mit dem festen Vorsatz, sich endlich seine Traumküche zu gestalten. Doch wer ein vierhundert Jahre altes, baufälliges Fachwerkhaus im Hessischen renovieren lässt, braucht zwischen bröckelnden Mauern, fehlenden Dächern, aufragenden Balken und Löchern im Fußboden viel Fantasie, um sich vorzustellen, wie solch ein Küchentraum einmal aussehen könnte.

Eines war Klaus von Anfang an klar: Er suchte für seine neue Küche eine Kombination aus modernstem Komfort und Tradition – darunter versteht er seine Sammlungen alter Holzbrettchen, Apothekerflaschen, bemalter Schüsseln und bunter Keramik. Zudem wünschte er sich eine »offene«, d.h. schranklose Küche – abgesehen von wenigen offenen Regalen –, denn er hält nicht viel von Vorratswirtschaft: Das Notwendigste lagert unten im Gewölbekeller, alles andere möchte er in greifbarer Nähe haben. Die beste Lösung zur Unterbringung von Kleinkram sah er in schönen alten hölzernen Weinkisten, die er in seiner Ungeduld aber manchmal mitsamt Inhalt erstehen musste, was dann wiederum dem Weinkeller zugute kam.

Der Gourmetkoch in Aktion (diese Seite) – und über allem wacht die Küchengöttin (linke Seite).

Eine nachdenkliche Marx-Büste, von Basilikum umduftet.

Frische saftige Melone, einfach aber köstlich.

In dem einzigen Schrank, der in dieser gut durchdachten und zugleich gemütlichen Küche steht, sind die Gläser untergebracht, ansonsten steht alles frei zugänglich herum. Doch auch die pingeligste Hausfrau würde keinen Fett- oder Schmutzfilm auf den Gegenständen finden: Alles nur eine Frage der Organisation, erklärt der Hausherr zufrieden.

Klaus kocht fast nie nach Rezept. In der Regel legt er seine Einkäufe auf den Tisch, inspiziert den Inhalt aus den Drehfächern des runden blauen Kühlschranks und überlegt sich dann, was dazu passen könnte. Um Kräuter und Gewürze braucht sich der »Spontankoch«, so Schubert über Schubert, nicht zu sorgen: die bietet sein Gärtchen in Hülle und Fülle.

So sehr er seine Hightechgeräte liebt, so sehr schätzt Klaus seine Messersammlung. Das Schleifen der Messer mit einem alten Schleifstein ist für ihn ein sinnliches Vergnügen. Ein altes, funktionstüchtiges Wiegemesser kann ihn schier in Ekstase versetzen, und von seinem Metzgerschlachtblock erzählt er stolz, das er aus einer Frankfurter Metzgerei stamme, die für ihre Zeppelinwurst berühmt gewesen sei.

Doch das Wichtigste in seiner Küche ist der gute Geist des Hauses: eine Küchengöttin. Die Skulptur stammt von einer befreundeten Künstlerin und schaut von ihrem Platz auf dem Fensterbrett freundlich in die Küche. Klaus' Bedingung für die Gottheit war: Sie sollte transportabel sein, damit sie bei Bedarf – vielleicht aufgrund von Zwistigkeiten – auch mal in den Schrank oder gar unters Scheunendach gestellt werden kann. In schlechteren Zeiten kann man die Göttin ja wieder hervorholen und um ihre Hilfe bitten. Wichtig ist vor allem, dass sie wetterfest ist, damit man sie eventuell auch ein paar Tage im Kräutergarten unterbringen kann, um sich dann und wann einen guten Tipp fürs Kochen zu holen.

Wohl dem, der eine kleine Küchengöttin hat, die ihm liebevoll auf die Finger sieht, damit er sich an keinem seiner scharf geschliffenen Messer schneidet.

Klaus kocht international, hier mexikanisches Huhn in Schokoladensoße (rechte Seite).

Miele

Lammfleisch-Hackbraten, arabisch

FÜR 6–8 PERSONEN

2 mittelgroße, fest kochende Kartoffeln pro Person
Salz, Kreuzkümmel

1,25–1,5 kg frisches Lammhackfleisch, alternativ: Rinderhackfleisch
2 grüne Paprika
3 mittelgroße Zwiebeln
2 Brötchen oder 4 Scheiben Toast
etwas Milch
3–4 Eier
½ Bund Koriandergrün (je nach Größe)
4–8 Knoblauchzehen (je nach Größe)
8 EL Olivenöl
Salz nach Geschmack
Pfefferkörner (im Mörser zerstampft oder frisch gemahlen) nach Geschmack, mindestens 1 TL
1 TL Kreuzkümmel
1 TL Korianderkörner (ungemahlen)
1 TL Kardamomsamen (ungemahlen, ohne Hülle)

- Kartoffeln als Salzkartoffeln je nach Größe ca. 10 Minuten mit dem Kreuzkümmel (ungemahlen) kochen. Sie sollten gut halbgar, auf keinen Fall weich werden. Abgießen. Sind sie etwas abgekühlt, halbieren.
- Paprika, Zwiebeln und Koriandergrün klein hacken. Knoblauch pressen oder sehr klein hacken. Pfeffer, Kreuzkümmel und Kardamom im Mörser zerstampfen oder mahlen. Vom Kardamom sollten alle Hüllenteile entfernt werden.
- Zwei Brötchen oder vier Toastscheiben in Milch sehr weich werden lassen. Danach die Masse etwas ausdrücken und zerpflücken.
- Lammfleischhack mit allen vorbereiteten Zutaten, Gewürzen, Olivenöl, Eiern zu einem Teig kneten. Eine große, hohe Tonform (andere Formen oder sogar ein ovaler Bräter tun es zur Not auch) mit etwas Olivenöl auspinseln. Die Form sollte so groß sein, dass die Wand mindestens einen Fingerbreit höher steht als der eingefüllte Teig. Die Masse so in die vorbereitete Form bringen, dass zwischen Teig und Wand ca. ein Daumen breit Platz bleibt. Die Kartoffelhälften zwischen Teig und Wand stellen oder legen, flache Seite zur Wand der Form. Teig gegen die Kartoffeln drücken, sodass die Fläche der Form gleichmäßig gefüllt ist. Teig und Kartoffeln sollten eine Höhe haben, sonst Kartoffeln entsprechend zurechtrücken. Form mit Alufolie abdecken.
- Bei mittlerer Hitze (ca. 175–200 Grad) ca. 45 Minuten im vorgeheizten Backofen ausbacken. Je nach Höhe der Masse und der verwendeten Form kann die Garzeit erheblich variieren – prüfen, das Hackfleisch soll nicht mehr rosig sein und gleichzeitig nicht zu trocken. Die letzten 5–10 Minuten ohne Folie bei stärkerer Oberhitze bzw. Obergrill des Backofens weiterbraten, damit das Hackfleisch sowie die sichtbaren Teile der Kartoffeln eine braune Kruste bekommen.
- Bei jedem Öffnen der Backofentür wird der Duft der arabischen Gewürzmischung intensiver.

Traum in Silber – Eine Hightechküche

Brian Thorpe

Die Technik der großen Küchen hat schon gegenwärtig eine Vollkommenheit erreicht (...) Kein Rauch, keine Hitze, keine Dünste mehr; die Küche gleicht mehr einem Salon als einem Arbeitsraume, in dem alle möglichen technischen und maschinellen Einrichtungen vorhanden sind, welche die unangenehmsten und zeitraubendsten Arbeiten spielend erledigen.

August Bebel, Die Frau und der Sozialismus

Eines war Brian Thorpe immer schon klar: In den Midlands wollte er nicht bleiben – er war wild entschlossen, am Meer zu leben. Seine erste Traumwohnung an der Küste hatte aber einen Haken: Die Küche war zu klein. Immerhin gelang es ihm dennoch, an seinem 21. Geburtstag fünfzig Leute auf einmal mit einem warmen Essen zu beglücken; dafür hatte er allerdings auch zwei Tage lang alles vorbereitet.

Brian beschloss bereits als ganz junger Mensch: Wenn man schon so viel Zeit seines Lebens mit Essen zubringt, dann sollte man dessen Zubereitung auch optimal gestalten. Auf vielen Reisen durch Europa hatte er völlig neue Speisen und Rezepte kennen gelernt, doch um diese zu Hause nachzukochen, brauchte er auch die entsprechenden technischen Möglichkeiten. Also kochte der Architekt, Designer und Creative Director lieber bei Freundinnen und träumte weiter von einem eigenen Haus, in dem er seine Gäste bewirten konnte. Schließlich schien sein Ziel auch erreicht: Er fand die perfekte Ferienwohnung mit Blick aufs Meer und einer hübschen Einbauküche im Landhausstil, über die sogar eine Fachzeitschrift einen mehrseitigen Bericht produzierte und Brians Fähigkeiten als Innenarchitekt über den grünen Klee lobte.

Brian inmitten der schimmernden Pracht in seiner Küche (rechteSeite).

Doch dann veränderte er sein Leben, er sagte dem Londoner Spitzenjob Ade und wurde Immobilienmakler – am Meer. Damit boten sich ihm ideale Möglichkeiten: Jetzt fand er endlich sein

Zwei Blicke durchs Esszimmer: einmal nach draußen (links), einmal in die Küche (rechts).

Traumhaus, eine etwas heruntergekommene Villa am Meer, die seiner Meinung nach alle Voraussetzungen zur Umgestaltung in einen italienischen Palazzo bot. Es folgten zwei Jahre Dreck, Ärger und Krisen, denn das halbe Gebäude musste abgerissen werden, damit er eine Terrasse und einen kleinen Garten erhielt, und das damit verbundene Chaos ließ ihn häufig an der Richtigkeit seines Planes zweifeln. Er zeigt auf die Stuckrose an der Decke in der Eingangshalle: »Das war das Einzige hier, was wir abstützen konnten, ansonsten war rundherum blauer oder – wenn wir Pech hatten – grauer Himmel. Wir mussten das ganze Haus von Grund auf renovieren und monatelang unbeirrt darauf hoffen, dass aus der Bauruine wieder ein Haus würde.«

Der Mittelpunkt des Hauses sollte selbstverständlich die Küche sein, die Brian ganz nach seinen Wünschen gestaltete. Dafür fuhr er auf Messen, studierte Fachzeitschriften und wusste schließlich ganz genau, was er brauchte. Das Resultat ist höchst beeindruckend: Es glänzt, schimmert, glitzert und gleißt, denn alles ist aus Edelstahl und wenn die Sonne in den Raum hereinstrahlt, muss man die Augen zukneifen, so sehr funkelt ihre Reflexion in dem Metall der Schränke, in dem silbrig gesprenkelten Granit und in den eigens angefertigten Kacheln mit Metallglasur über dem

Herd. In der Mitte des Raums steht der Block mit den Arbeitsflächen und der Spüle. Wenn Brian dort steht – »ich bin ein Kontrollfreak« –, geht sein Blick durch die große Wandöffnung ins Esszimmer, durch die Glastüren auf die Terrasse, schweift über den »italienischen« Garten und ruht schließlich auf dem »Meer«, einem Stück Ärmelkanal östlich von London. Von seiner »Kommandozentrale« aus hat er regen Kontakt mit den Gästen und kann zwischendurch immer wieder hinausschauen – beinahe bis hinter den Horizont.

Und dann kocht er: erfindungsreich, lustvoll, weniger auf Wirkung als auf das Ergebnis bedacht, manchmal auch inspiriert von einem seiner dreihundert Kochbücher.

Wenn man ihn in seiner Küche agieren sieht, fällt sofort auf, dass hier jemand einer Passion frönt. Für Brian ist die Funktionalität moderner Küchentechnik immer wieder ein Vergnügen: Formschön gestaltete Geräte bereiten ihm ebensolche Freude wie seine Sammlung antiker dunkelroter Gläser, die man nicht auf Anhieb hinter einer der Edelstahltüren vermuten würde. Aber genau das macht das Besondere seiner Küche aus: das Nebeneinander (oder Hintereinander) von Dingen, die ihren Zweck bestens erfüllen, und der kann eben auch darin bestehen, einfach wunderschön zu sein. Die größte Katastrophe, die ihm in seiner Küche jemals passierte, war, als ihm ein Tablett mit antiken Gläsern herunterfiel und alles zerschellte. »Ich weiß nicht, ob ich mich mehr wegen der Gläser oder mehr wegen des Champagners geärgert habe.« Er verzieht bedauernd die Mundwinkel. »Denn leider hatte ich schon eingeschenkt.«

Selbstironisch erinnert er sich an seinen Werdegang als Hobbykoch: Da gab es die italienische Phase, als er tausend und ein Risotto ausprobierte, dann die marokkanische, als er mit exotischen Gewürzen herumexperimentierte. Seine besondere Liebe gilt den Pasteten, aber er schwärmt auch für Couscous. Neben

Überall funkelt und blinkt es: Karaffen, Gläser, Kacheln (diese Seite).

Auch die Arbeitsfläche aus Granit hat silbrige Einschlüsse (rechte Seite).

seiner »Kommandozentrale« in der Mitte der Küche ist für ihn der sechsflammige Herd natürlich ebenfalls wichtig, doch was ihm gänzlich unentbehrlich ist, sind seine beiden asymmetrischen hölzernen Kochlöffel, die er als Verlängerung seiner Arme betrachtet. Damit zu hantieren ist für ihn ein sinnlicher Genuss, ähnlich wie das Aroma von simmerndem Rotwein, in dem etwas Leckeres gart. Bei aller Lust am Essen will er aus einer Mahlzeit aber keine Kulthandlung machen. Die traditionellen englischen Fish & Chips zählt er ebenso zu Delikatessen wie ein raffiniert zubereitetes Filet Wellington.

Natürlich wachsen Rosmarin und Thymian in großen Terrakottakübeln in dem stilisierten kleinen Garten und auf der Terrasse, ansonsten bevorzugt Brian zum Würzen Chili und Basilikum. Fast jeden Monat verbringt er ein Wochenende in Frankreich, um sich mit neuem Wein einzudecken, denn ein Glas wohl temperierter Rotwein gehört für ihn zum schönsten Augenblick des Tages: Wenn er nach Hause kommt und entspannen kann.

Wie die meisten Köche und Köchinnen verschmäht er viele der modernen Küchengeräte, seine Kaffeemaschine ist für ihn allerdings unverzichtbar – ohne die morgendliche Tasse Milchkaffee möchte er nicht aus dem Haus gehen.

Brian erfüllt seine Küche mit großem Stolz, denn sie ist genauso geworden, wie er sie sich erträumt hat: Ästhetisch perfekt und mit exzellenter Ausstattung, denn Brian hat Wert darauf gelegt, von allem das Beste zu bekommen.

Mit silbrigem Glanz strahlen die vielen Edelstahltüren die Gäste an und alle wissen, dass ihnen aus diesem metallisch glänzenden Raum nur Gutes widerfahren wird. Gäste zu bekochen ist Brian ein Bedürfnis, dabei konzentriert er sich auf den Hauptgang. Für den Nachtisch ist sein Mitbewohner Joe zuständig, der sich immer wieder neue Schöpfungen aus Eiern, Zucker, Sahne und Früchten ausdenkt – mit und ohne Schokolade.

Satt, zufrieden und müde schauen die Besucher auf die leeren Teller und beglückwünschen Brian zu seiner Traumküche. Sie ist die bisher schönste seiner Küchen. Aber ist sie auch seine letzte?

Er lacht und zuckt mit den Achseln. Auf jeden Fall hat diese die meiste Arbeit gemacht und er weiß nicht, ob er sich das noch einmal zumuten will. Aber wer weiß? Vielleicht findet er irgendwann ein noch schöneres Traumhaus und baut sich eine noch schönere Küche. Eines ist aber klar: Man wird von ihr aufs Meer sehen können.

Brians »Armverlängerung« – die unentbehrlichen Kochlöffel (rechts).

»Kontrollfreak« Brian hinter seiner Kommandozentrale (rechts und linke Seite).

Jakobsmuscheln à l'orange

Für 4 Personen

12 Jakobsmuscheln mit Koralle
0,2 l trockener Weißwein
40 g Butter
2 EL Mehl
Saft von einer Orange
2 TL Calvados
Dill

- Die aus ihren Schalen herausgelösten Muscheln in Wein kurz zum Kochen bringen, dann 3 Minuten bei kleiner Hitze köcheln lassen, vom Feuer nehmen. Die Muscheln herausnehmen, den Wein stehen lassen.
- Die Butter erhitzen, das Mehl unterrühren und den Wein langsam dazugießen, bis die Soße eine sahnige Konsistenz hat. Dann Orangensaft und Calvados hinzufügen. Die Muscheln in jeweils 3 Happen zerteilen, wobei die Koralle ganz bleiben soll, in die Soße geben und nochmals langsam erwärmen. Falls die Soße zu dick wird, mit Milch oder Sahne verdünnen. Mit Dill garniert servieren.

Ente mit schwarzer Johannisbeersoße

Für 4 Personen

2 große Entenbrüste
Honig
Sojasoße
1 EL Mehl
1 EL ungesüßte schwarze Johannisbeermarmelade
½ Tasse Rotwein

- Die Entenbrüste enthäuten. Die Haut in einer Pfanne braten, bis das Entenfett den Pfannenboden bedeckt. Die Haut herausnehmen und entsorgen. Die Entenbrüste im Fett rasch braun braten, dann in einen kleinen Bräter legen, auf jede Entenbrust 4 Tropfen Sojasoße geben und Honig darüber tröpfeln. Bei 180 Grad 10 Minuten braten, herausnehmen und 3 Minuten abkühlen lassen.
- Das Fleisch herausnehmen. Das Mehl in den Bratensaft rühren, mit Rotwein löschen und das Entenfett aus der Bratpfanne dazu geben. Mit 1 EL schwarzer Johannisbeermarmelade verrühren und kurz bei kleiner Hitze köcheln lassen.

Währenddessen die Entenbrust in dünne Scheiben zerteilen und aufgefächert auf einer Platte anrichten. Die Soße darüber gießen.

Crème brûlée

Für 4 Personen

1½ l Sahne
12 Eidotter
2 gestrichene EL Zucker
3 EL Vanille
4 gestrichene EL brauner Rohrzucker

- In einem Topf über simmerndem Wasserbad die Sahne mit den Eidottern vorsichtig verrühren, dann Zucker und Vanille hineingeben und zu einer warmen Crème verschlagen. Weiterköcheln lassen, bis die Crème so eingedickt ist, dass sie an einen hölzernen Kochlöffel wie eine Haut überzieht.
- Die Crème durch ein feines Sieb in eine Puddingform gießen und mindestens 4 Stunden abkühlen lassen.
- Den Rohrzucker über die abgekühlte Creme streuen. Die Form auf Eiswürfel setzen und unter einen heißen Grill stellen, bis der Zucker karamelisiert ist. Anschließend noch 2–3 Stunden in den Kühlschrank stellen.

Eine Küche wie ein Ballsaal –

Minette Walters

Die Manor-House-Küche

Es war ein lang gestreckter, niedriger Raum mit weißen Wänden, Korkfußboden und genau den richtigen Holzmöbeln, Krügen und Regalen mit praktischen Küchengeräten (...) Alle Gäste, die ins Church Cottage kamen, drifteten stets nach und nach in die Küche, weil die Atmosphäre dort so verlockend war, und saßen auf Patchworkkissen in Windsorsesseln neben dem Aga (...)

Joanna Trollope, Zwei Paare

»Basilikum riecht einfach wunderbar – ich kriege von diesem Duft sofort Hunger!« Minette Walters schließt genießerisch die Augen, dann greift sie sich Korb und Schere und marschiert in ihren Garten. Als echte englische Lady setzt sie noch rasch einen Hut auf, es könnte ja regnen ... Der Bauerngarten ist groß, eine gelungene Mischung aus Gemüse- und Blumengarten. Die Blumen sind nicht nur zur Zierde des Gartens gedacht – bunte Sträuße schmücken die zahlreichen Zimmer des eindrucksvollen alten Manor House, in dem die Familie seit einigen Jahren lebt.

Minette kocht leidenschaftlich gern.

Mit das Wichtigste an einer Küche ist für sie deren Größe, und die ist hier durchaus beeindruckend: Mindestens hundert Quadratmeter misst der einladende Raum! In der Mitte prunkt ein massiver Holztisch, an dem ohne Schwierigkeiten zwölf Leute Platz haben. Deshalb findet Minette ein zusätzliches Esszimmer auch überflüssig, denn sie kocht ohnehin am liebsten in Gesellschaft. Werkelt sie doch einmal allein in der Küche, läuft der Fernseher oder das Radio. Sie sei ein »*news junkie*«, beschreibt sie sich fröhlich, und möchte immer auf dem Laufenden sein.

Frisches Basilikum ist einer von Minettes Lieblingsdüften (linke Seite).

Gäste sind eigentlich auch immer Essensgäste, aber die Speiseplanung darf nie in Stress ausarten. Sie amüsiert sich über Besucher, die verdutzt registrieren, dass die Gastgeberin noch kein Essen geplant hat, sondern irgendwann spontan beschließt, was es geben soll. Nachdem sie jedoch einige Male ihren schönen Lammbraten von Vegetariern verschmäht sah, plant sie das Essen inzwischen am liebsten gemeinsam mit den Gästen. Im Garten wachsen Obst und Gemüse in Hülle und Fülle – Minettes wichtigstes Küchengerät ist der Kartoffelstampfer! –, und in der Tiefkühltruhe lagern alle Sorten Fleisch, das im Defroster ruckzuck bratfertig wird. So kann sie sich ganz nach den jeweiligen Wünschen richten.

Gegessen wird oft recht spät: Lunch um zwei Uhr mittags ist keine Seltenheit, sondern eher die Regel. Und wenn die viel beschäftigte Schriftstellerin im Trubel der Arbeit eine Verabredung vergisst oder die Vorräte langsam zur Neige gehen, dann wird eben improvisiert oder sie bestellt ein paar Gerichte im nächsten Chinarestaurant.

Minette hielt ihre Söhne von klein auf dazu an, sich selbst zu verköstigen. Als ihr Ältester mit elf Jahren die Nase in ihr Arbeitszimmer steckte und sich erkundigte, wann es endlich etwas zu essen gäbe, empfahl sie ihm, sich selbst etwas zu brutzeln. Er entschied sich für Huhn und machte an der richtigen »Sonnenbräune« die Garzeit fest. Mittlerweile sind Mann und Söhne Spezialisten für raffinierte Salatkreationen, Pasta und Steaks, und jedes Familienmitglied lobt die Kochkünste der anderen.

An die Küchen ihrer Kleinkinderzeit kann Minette sich kaum erinnern, denn der Vater war beim Militär und die Familie musste ständig umziehen. Erst als sie sechs Jahre alt war, kaufte er ein riesiges Gemäuer im Tudor-Stil mit mehr als zehn Zimmern, das niemand außer ihm haben wollte, weil es nicht zu heizen war. Nach dem Einzug spielte sich deshalb das gesamte Familienleben in der großen Küche ab, obwohl auch die nur ungenügend Wärme bot – trotz eines gewaltigen Gasherds.

An die Kochkünste ihrer Mutter erinnert sich Minette mit Schaudern, wie an die bei zu niedriger Temperatur geschmorte Lammkeule mit grauer Schlabberhaut oder an das in einem Dampfdruckkochtopf endlos lang gegarte Gemüse. Sie selbst kam zum Kochen erst während ihrer Internatszeit – das Essen war besser als zu Hause und machte Lust, selbst am Herd zu experimentieren. Als Single mit kleinem Gehalt probierte sie später aus, wie man sich möglichst billig ernähren konnte – am besten umsonst. Ihre Brennnesselsuppe fand zwar wenig Anklang, doch ihre Pilzgerichte waren beliebt. In der winzigen Küche ihrer ersten eigenen Wohnung erlebte die noch unerfahrene Köchin ihre größte Panne: Als sie für acht Gäste eine einzige Ente zubereitete,

An dem großen Tisch in der Mitte der Küche ist Platz für ganze Gästescharen.

Am liebsten kocht sie zwar in Gesellschaft, beim Kartoffelschälen hört der »news junkie« Minette aber auch gern die Radionachrichten.

Reiche Beute aus dem Garten: viel Gemüse – und natürlich Basilikum.

musste sie nach dem Schmoren feststellen, dass der Vogel ziemlich geschrumpft war. Mit minutiös durchgeführtem Tranchieren versuchte sie zwar den Eindruck von Fülle zu erwecken, aber so richtig satt wurde an diesem Abend niemand.

In ihrer Traumküche in Dorset steht nach bester englischer Tradition ein Aga – der Herd, der auch heizt. Deshalb wird er im Sommer meistens abgeschaltet und der Elektroherd daneben benutzt. Der Aga und die zwei (!) Geschirrspüler sind für Minette sehr wichtig: Ersterer als Inbegriff für Wärme und Gemütlichkeit, Letztere, weil bei den vielen Gästen auch immer viel Geschirr anfällt.

Exotische Gewürze wie Curry oder Kreuzkümmel verwendet sie kaum, stattdessen nimmt sie meist frische Kräuter – am liebsten Basilikum! Zum Einkaufen lässt sie sich Zeit, Fleisch und Geflügel bezieht am liebsten direkt beim Erzeuger. Ihre Familie äße nur *British beef*, erklärt sie kämpferisch, denn das würde so genau kontrolliert wie kaum ein anderes Fleisch auf der Welt. Außerdem steht oft Fisch auf dem Speiseplan – der Atlantik ist ja nicht weit. Sonntags kommt meistens der traditionelle Braten auf den Tisch, eine Lammkeule oder ein Roastbeef, garniert mit viel frischem Gemüse und gewürzt mit Kräutern und Knoblauch. Minette schaut nur selten in ein Kochbuch, sie lässt sich lieber vom Angebot der Saison oder vom Inhalt ihrer Tiefkühltruhe inspirieren. Fertiggerichte lehnt sie ab, Nahrung sollte nicht industriell verändert sein. Die Lieblingsgerichte der Familie sind eher einfach, wichtig sind die Qualität der Zutaten und ein vernünftiges Zeitmaß bei der Zubereitung.

»Ich habe mich noch nie beim Kochen überarbeitet, denn es soll auch für mich ein Fest sein, nicht nur für die anderen.« Sie lacht. »Ich esse nun mal wahnsinnig gern.«

Sonntagsessen für die Familie

Schweinelendchen im Gemüsekranz

Für 6 Personen

900 g Schweinelende (pro Person ca. 150 g)
1/4 l heiße Fleischbrühe
Salz, Pfeffer
1 Becher Sahne
1 TL Stärkemehl

300 g Champignons
1 EL Butter

500 g Kartoffeln
(1 dicke Scheibe Knollensellerie)
2 EL Butter
1 Tasse warme Milch
Salz

250 g frische oder tiefgekühlte Erbsen
250 g Karotten (in Scheiben geschnitten)
250 g Prinzessbohnen
1 EL Butter
Kräuter nach Geschmack: Petersilie, Kerbel, Minze

- Kartoffeln (und die Selleriescheibe) schälen, in Salzwasser garen.
- Abgießen, stampfen, Butter und Milch darunter rühren, salzen.
- Die Schweinelende in sehr heißem Erdnussöl rundherum braun anbraten, dann mit der Fleischbrühe löschen. Die Lende herausnehmen, in 2 cm dicke Scheiben schneiden. In die Brühe zurückgeben, und bei kleiner Flamme ziehen lassen, bis sie gar sind. Sahne mit Stärkemehl verrühren, zur Brühe gießen, kurz aufkochen lassen, mit Salz und Pfeffer abschmecken.
- Champignons in dünne Scheiben schneiden und in der Butter knusprig braten, salzen, pfeffern.
- Das gewaschene, trocken getupfte Gemüse in der Butter kurz andünsten, und bissfest mit Kräutern bestreut servieren.
- Die Lendenscheiben auf einer Platte inmitten des Gemüserings anrichten. Soße und Kartoffelbrei getrennt reichen.

Holundersaft, selbst gemacht

30 Holunderblüten
2 l Wasser
40 g Weinsteinsäure
3 kg Zucker
5 Zitronen

- Zitronen in Scheiben schneiden.
- Holunderblüten, Zitronenscheiben und Weinsteinsäure in einem Steinguttopf mit dem kochenden Wasser übergießen und 3 Tage stehen lassen. Öfter umrühren.
- Den Saft durch ein Tuch passieren, den Zucker beigeben, oft umrühren und nochmals 48 Stunden stehen lassen. Evtl. Schaum abschöpfen.
- Den Sirup in Flaschen füllen und entweder als Soße zum Nachtisch oder zu ca. 1/4 mit 3/4 Wasser (und Eiswürfeln) vermischt als Sommergetränk genießen. Ergibt fünf Flaschen.

Apple Crumble

Für 6 Personen

1 großer Apfel pro Person
1 Hand voll Rosinen
Rum
1–2 TL Zucker pro Apfel
1 TL Zimt pro Apfel

Für den »Crumble«:

200 g braunen Zucker
30 g Mehl
4 TL Zimt
3 EL Butter
Sahne

- Die Äpfel schälen und achteln, dann die Achtel halbieren und in wenig Wasser kurz dünsten. Eine Hand voll Rosinen in Rum einweichen. Falls süß gewünscht, je nach Apfelsorte für jeden Apfel Zucker dazugeben. Äpfel, Rosinen und Zimt mischen und auf dem Boden einer Tart- oder Springform verteilen.
- Den braunen Zucker, das Mehl und den Zimt vermischen, dann die zerlassene Butter damit verkneten, Streusel formen und auf die Apfel-Rosinen-Mischung streuen.
- In den kalten Backofen auf die mittlere Schiene stellen und bei 180 Grad 20–25 Minuten lang backen. Nicht zu lange, damit die Äpfel nicht matschig werden. Warm und mit steif geschlagener, gezuckerter Sahne servieren.

Pot de Deux

Renate Welsh-Rabady und Shiraz Rabady

in der Miniküche

Die Küche ist das Herz des Hauses. Alle Wege, Beschäftigungen und Besorgungen enden früher oder später in der Küche. Hier ist es warm, hier wird das Essen vorbereitet und gekocht, ohne Küche kann ein Haus nicht leben. Wer hier das Sagen hat, regiert bald den ganzen Haushalt.

Paul Maar, Kartoffelkäferzeiten

In den Arbeiterküchen Wiens hat sie das Zuhören gelernt, die Grundlage für ihren späteren Beruf als Schriftstellerin, meint Renate Welsh. Inzwischen hat sie alle nationalen und viele internationalen Literaturpreise verliehen bekommen, doch sicherlich nicht nur, weil ihr Vater, der Arzt, sie oft mit Medikamenten zu seinen ärmeren Patienten in die alten Mietshäuser schickte, in denen es nach Moder und Schimmel roch, »und manchmal gab es nur einen Kaltwasserhahn draußen im Gang«. In den Wohnküchen in diesen Wiener Arbeitervierteln gab es immer eine Kohlenkiste und hinter der hing immer ein weißes Tuch, auf dem mit blauen Kreuzstichen gestickte Holländerpärchen Schlittschuh laufend Sprüche wie »Sich regen bringt Segen« oder »Morgenstund hat Gold im Mund« ergänzten – auch eine Art Einführung in die deutsche Lyrik, meint Renate heute und lacht.

Auf diesen Kohlenkisten saß sie und hörte zu, wenn ihr die Leute ihre Lebensgeschichte erzählten, ihren Nippes zeigten oder die Fotos der im Krieg gebliebenen Söhne. Auf einmal saß sie so mitten im Leben der Erzähler, nahm Anteil und spann hinterher das Gehörte zu Geschichten weiter.

Küchen haben in Renates Leben immer eine wichtige Rolle gespielt, wie die ihrer Herzensfreundin in Bad Aussee. »Die hab ich ganz wahnsinnig um ihre Mutter beneidet – das war eine so richtig ofenwarme Frau, die den Kindern auch in den mageren Nachkriegsjahren immer einen Leckerbissen zusteckte, wie knus-

Zwei auf engstem Küchenraum – beinahe ein Kochballett (rechte Seite).

prige Buchteln mit Heidelbeeren.« Nur bei schlimmer Kälte saß man auf dem Bänkchen am Herd, sonst auf der Eckbank hinter dem Tisch, und wenn ein Kind sehr bedürftig war, bekam es von den vielen bunten Kissen noch eins extra untergeschoben. Das Wichtigste in der Küche war der große Herd, der Wärme und Behaglichkeit verbreitete. Jeden Tag musste sein Metallrand blank geschmirgelt werden, und für Renate war es eine große Ehre, wenn sie dabei mithelfen durfte.

Die erste eigene Küche war so winzig, dass Renates Schwangerbauch nur zwischen Spüle und Wand passte, wenn sie den Tisch wegklappte. Später, als Mutter zweier sehr lebhafter Söhne, versuchte sie ihre scharfen Messer irgendwo außer Reichweite der Kinder zu verstecken – doch die fanden rätselhafterweise immer wieder einen Weg, sich dieser zwar faszinierenden, aber gefährlichen Werkzeuge zu bemächtigen und dann stand jedes Mal eine fassungslose Mutter in der offenen Kinderzimmertür, die ihre Sprösslinge mit den gut geschliffenen Messern hantieren sah und sich nur mühsam beherrschte: Bloß jetzt nicht schreien, sonst passiert noch wirklich was!

Die nächste Küche war dann fast so groß wie die gesamte letzte Wohnung, das war keine Küche für eine einzige Frau, sondern für ein mehrköpfiges Personal. Dennoch war es die Küche mit dem saubersten Küchenboden von ganz Wien, denn fast täglich rutschte der Schlauch der neuen Waschmaschine aus dem Waschbecken und es gab eine Überschwemmung. »So schöne blauweiße Fliesen waren das«, sagt Renate verträumt. »Und gewischt hab ich wie eine Weltmeisterin.«

Die Erinnerungen von Shiraz, Renates Mann, sind ganz anders: Der Sohn einer indischen Parsenfamilie in Afrika sieht sich zurückversetzt in den von einer Mauer umschlossenen Vorhof, in dem zwei Familien die tägliche warme Mahlzeit zubereiteten. Der Augenblick, in dem das abendliche Kohlenfeuer angezündet wurde, war für ihn immer der Höhepunkt des Tages. Der Ofen bestand aus einem runden Metallgestell, auf dem nur ein Topf Platz hatte. Gekocht wurde hauptsächlich Gemüse, vor allem Tomaten. Und wenn Shiraz' Neugier am eigenen Topf gestillt war, flitzte er zur Nachbarin hinüber – falls nicht gerade Streit zwischen den Parteien herrschte, denn das Wohnen auf so engem Raum brachte auch immer wieder Konflikte mit sich.

Als er etwa fünf Jahre alt war, zog die Familie um. Nun hatten sie eine »richtige« Küche und einen Diener, der dem neugierigen Jungen aber nur selten Kochunterricht gab, denn er wollte sich keine Konkurrenz heranziehen. Doch Shiraz lernte trotzdem kochen, wie alle indischen Männer aus seiner Bekanntschaft. Wenn die allein waren, kochten sie selbst und eigentlich auch recht gut, doch wenn ihnen jemand die Arbeit abnahm, protestierten sie nicht.

Als Shiraz zum Studium ins Ausland gehen wollte, bestand seine Mutter darauf, dass er ordentlich kochen lernte – vielleicht weil sie damit verhindern wollte, dass ihr esslustiger Sohn ein Bratkartoffelverhältnis einging. Shiraz' ersten Gerichte waren meist Eierspeisen; zusammen mit seinem Bruder veranstaltete er bald des öfteren große Kochfeste im Wiener Studentenwohnheim.

Der Spaß am gemeinschaftlichen Kochen ist geblieben, doch heute kocht Shiraz am liebsten mit Renate, vor allem wenn sie Gäste haben. In ein Kochbuch schauen die beiden nur selten, Shiraz tut es eigentlich nur dann, wenn er Renate mit einem besonderen Essen überraschen will. Die vielübersetzte Schriftstellerin wird oft in fremde Länder eingeladen, und dann erwartete er sie beim Nachhausekommen immer mit einem besonders schönen Essen. Am meisten freut sie sich über alle Arten von Linsengerichten mit viel Gemüse. Die gemeinsame Kochrichtung nennen sie »vegetarisch-indisch«, aber auch die italienische Küche steht bei ihnen hoch im Kurs. In bester Bio-Qualität bekommt Shiraz Gemüse als eine Art Dankeschön von einem Kloster, wo er als Arzt die Nonnen betreut.

Renate kocht am liebsten »aus dem Bauch heraus«, anderen beim Kochen über die Schulter schauen und das dann nachkochen gelingt ihr eigentlich immer. Schwierigkeiten gibt es nur, wenn etwas nicht gelingen soll, wie etwa die von ihrem Vater seinerzeit hochgeschätzte »sitzen gebliebene« Mandeltorte, die er sich immer zu seinem Geburtstag wünschte. »Alles habe ich gemacht«, stöhnt sie, »alles, was man eigentlich nicht tun darf, und trotzdem sah sie hinterher immer aus wie auf dem Foto im Kochbuch. In einem Jahr hab ich fünf Mandeltorten backen müssen, bis endlich eine sitzen geblieben ist!«

Das schöne Biedermeierhaus, in dem Renate und Shiraz leben, hat für beide nur einen einzigen Nachteil: Die Küche ist zu klein. Ihre Wohnung im obersten Stock – wohl die ehemalige Dienstbotenwohnung – hat leider keine Küche mit herrschaftlichen Ausmaßen; zu Shiraz' Bedauern hat sie nicht einmal ein Fenster. Renate hätte gern Platz für einen Tisch darin – »wo man auch mal die Ellenbogen aufstützen und den manchmal allzu schweren Kopf in die Hände legen kann« –, obwohl sie das Essen im Esszimmer als kleine Festlichkeit sonst durchaus schätzt. In der Traumküche stünde außerdem noch ein Herdblock, den man von allen Seiten begehen kann – ansonsten haben die beiden auch in dieser Miniküche alles, was sie brauchen. Shiraz' wichtigstes Gerät ist ein schwerer Topf mit einem gut passenden Deckel, damit das Gemüse im eigenen Saft schmoren kann. Renate setzt da etwas andere Prioritäten: Für sie ist die Kaffeemaschine unentbehrlich.

Beim Kochen sind sie ein blendend aufeinander eingespieltes Team – es macht Spaß ihnen dabei zuzuschauen, wie sie fast wortlos die Handreichungen und Arbeitsgänge aufeinander abstimmen: Jeder weiß, was getan werden muss und erledigt seinen Teil so rasch und so unaufwändig wie möglich. Dass dabei immer köstliche Gerichte herauskommen, versteht sich bei dieser jahrelangen gemeinsamen Kochpraxis von selbst: Die nach exotischen Gewürzen wie Kardamon und Koriander duftenden bunten Gemüse sind auch optisch ein Genuss – und natürlich sind meistens Linsen dabei, denn die bringen Glück!

Ein Schrank voller Schätze (ganz oben) und Möbel aus der Biedermeierzeit (rechts): Renate und Shiraz pflegen Traditionen.

Indisch-vegetarisches Menü

Cashew-Curry

Für 4 Personen

100 g Cashewnüsse
2 Zwiebeln
1 EL Senfsamen
2 EL Kokosfett
½ TL Zucker
1 walnussgroßes Stück frischer Ingwer
3–4 Nelken
1 grüne Pfefferschote (oder 2 getrocknete Chilis)
3 mittelgroße Tomaten
Pfeffer
2 Knoblauchzehen
Salz
1 halbe Tasse Kokosmilch

- Cashewnüsse in reichlich Wasser einweichen, mindestens eine Stunde. 2 Zwiebeln klein schneiden, Senfsamen in heißem Öl ganz kurz hüpfen lassen, Zwiebeln dazu, langsam bräunen.
- 2 EL Kokosfett, ½ TL Zucker, klein geschnittenen frischen Ingwer, 3–4 Nelken, 1 grüne Pfefferschote klein geschnitten (kann durch getrocknete Chilis ersetzt werden), 3 mittelgroße geschälte in Würfel geschnittene Tomaten, etwas gestoßenen Pfeffer, 2 feinst geschnittene Knoblauchzehen, Salz hinzufügen. Köcheln lassen.
- Sobald die Sauce sämig wird, die abgetropften Cashewnüsse dazugeben, ein wenig Kokosmilch nach Bedarf. Kurz ziehen lassen. Dazu gehört Reis. Dieser Curry kann schon am Morgen vorbereitet werden, er schmeckt aufgewärmt besonders gut.

Gemüsepfanne

Für 4 Personen

Zwiebeln
Sonstiges Gemüse nach Geschmack:
Karotten, Blumenkohl, Lauch, grüne Bohnen, Paprika, Kartoffeln, Sellerie
Senfsamen (weiß und schwarz)
Kardamom, Kreuzkümmel
2 gehäufte TL Marsala (oder Currypulver)
Zimt
Koriander

- Natürlich beginnt's wieder mit dem Zwiebelschneiden, dabei lässt sich wunderbar über die Welt im Allgemeinen und den eigenen Jammer im Besonderen weinen. Öl sehr heiß werden lassen, Senfsamen – ich nehme 1 TL weiße und schwarze gemischt –, Kardamom und Kreuzkümmel hinein, vom Feuer nehmen, die Samen sollen richtig hüpfen, was sie meist in der ganzen Küche verteilt tun, aber das gehört dazu.
- Dann zwei gehäufte TL Marsala (Currypulver tut's auch) und etwas Zimt anrösten. Wenn die Gewürze richtig duften, ist es Zeit, die Zwiebeln in die Pfanne zu tun.
- Während die Zwiebeln auf kleinster Flamme vor sich hin dünsten, Gemüse putzen. Es eignet sich so gut wie jedes Gemüse: Karotten, Blumenkohl, Lauch, grüne Bohnen, Paprika, würfelig geschnittene Kartoffeln, Sellerie usw. Das Gemüse zu den Zwiebeln und Gewürzen geben, kurz umrühren, zudecken.
- Es ist günstig, immer wieder nachzusehen, ob's doch noch einen Tropfen Wasser braucht. Oft genügt es, den Deckel verkehrt aufzulegen und die Höhlung mit Wasser zu füllen. Dieses Gericht schmeckt frisch und mit Koriander bestreut am besten.

Dahl

Für 4 Personen

250 g Linsen (rote)
2 Zwiebeln
Marsala
2 Lorbeerblätter
½ TL Gelbwurz
1 Tasse Gemüsefond

- Linsen einweichen, besonders gut geeignet sind die gebrochenen kleinen roten, die sehr schnell weich werden. Zwiebeln dünsten, Marsala dazu, zwei Lorbeerblätter, Gelbwurz (möglicherweise gewöhnungsbedürftig, also zunächst nur ½ TL), Linsen. Mit Gemüsefond (Wasser tut's auch) aufgießen. Kurz aufkochen lassen, auf kleinster Flamme fertig kochen, bis die Linsen sehr sämig sind. Achtung! Setzt leicht an.
- Besonders fein wird das Dahl, wenn es zuletzt mit kross gerösteten Zwiebeln bestreut wird.

Salz
CKER

Nur das Beste ist gut genug – Eine Inselküche

Jürgen Zimmermann

Als ich nun gerade über meiner Wohnung angelangt war und es darauf ankam, ohne Schaden mich herunterzulassen, so drückte ich einer Ente nach der andern den Kopf ein, sank dadurch ganz sanft und allmählich gerade durch den Schornstein meines Hauses mitten auf den Küchenherd (...) zu nicht geringem Schreck und Erstaunen meinen Koches.

G.A. Bürger, Die wunderbaren Reisen des Freiherrn von Münchhausen

»... und da sah ich auf einmal unsere Küche im Keller! Genauso, wie sie vorher im Erdgeschoss ausgesehen hatte, vielleicht etwas verrutschter oder schräger, aber sogar das Ofenrohr am Herd ragte noch hoch!«

Jürgen Zimmermanns erste Erinnerung an eine Küche war jedoch nicht nur komisch, sondern eher traumatisch: Als eine Bombe das Tilsiter Elternhaus traf, wurde der Vierjährige zusammen mit seinem Kindermädchen auf dem Weg in den luftschutzsicheren Kelleraum von der Explosion überrascht. Acht Stunden dauerte es, bis sie unversehrt wieder ausgebuddelt worden waren – und da sah Jürgen als Erstes die Küche: das Symbol für Wärme und Behaglichkeit, bloß überraschenderweise einen Stock tiefer.

Dass es mit Wärme, Behaglichkeit und einer Küche (!) auch nach dem Neuanfang in Friesland weiterging, war vor allem Jürgens ostpreußischer Großmutter zu verdanken, die klein, korpulent und bibelfest als »Herz der Familie« über das leibliche Wohl der drei Enkelsöhne wachte – denn Jürgens Mutter kochte nicht.

Wenn er von seinem Leistungssporttraining spätabends nach Hause kam, lautete die erste Frage seiner Großmutter immer: »Na, Jungchen, was willst essen?«

Höchste Konzentration – das wird ein Feinschmeckermenü (linke Seite).

Durch das Zusehen und Mithelfen – damit es schneller ging, so meint Jürgen heute – wurde bei ihm das Interesse am Kochen geweckt. Großmutters altes Kochbuch, Jahrgang 1926, ist sein bestgehüteter Schatz, und er räuspert sich wehmütig, wenn beim

Über der Flaschenmenagerie spiegeln sich brennende Kerzen und ein prasselndes Feuer.

Wie in alten Zeiten dreht sich der Entenbraten im Kamin (oben und rechte Seite).

Großmutters Rezepte – viele werden heute noch vom Enkel nachgekocht.

Durchblättern eins ihrer auf Zetteln und Kalenderblättern notierten Rezepte herausflattert. Die ostpreußische Küche stellt für ihn eine Ansammlung unglaublichen Wohlgeschmacks dar: Spirgel mit Kartoffelbrei ist noch heute eines seiner Lieblingsessen. Und Sülze gibt es mindestens einmal alle vier Wochen. Die hat die Großmutter damals noch aus einem halben Kalbskopf, einem Schweinskopf und Schweinsfüßen auf dem mit Torf beheizten, großen gusseisernen Herd selbst hergestellt.

Mit der auf diese Weise stetig gewachsenen Liebe zum Kochen und Lust am Essen avancierte Jürgen während seines Architekturstudiums im Studentenwohnheim rasch zum Chefkoch der Gemeinschaftsküche. Dort war es durchaus üblich, dass nach einem anstrengenden Job, durch den man den kargen Monatswechsel aufbesserte, auch mitten in der Nacht noch gebrutzelt oder gedünstet wurde: Mitesser fanden sich immer genug. Der Nachhilfeunterricht bei einem Metzgersprössling brachte obendrein Bezahlung in Naturalien – damit war der Nachschub an teuren Nahrungsmitteln lange Zeit gesichert.

Die erste eigene Küche in den 1970er Jahren war der damaligen Mode entsprechend eine giftgrüne Einbauküche, in der der frisch

Gut gwürzt ist halb gelungen – eine Zwiebel wird gespickt.

gebackene Ehemann immer noch häufig den Kochlöffel schwang; auch in seinem Freundeskreis kochten und kochen meistens die Männer. Bis heute hat Jürgen in seiner Küche von weiblicher Seite nie ernsthaft Konkurrenz bekommen – offensichtlich möchte keine gegen ihn antreten oder sie findet es viel angenehmer, sich von ihm bekochen zu lassen.

Die erste Traumküche kam nach dem Umzug in ein altes Haus: eine perfekte Mischung aus altem, gemütlichen Mobiliar und neuester Technik. Jürgen hängt an seinen bewährten Küchenhelfern und muss heute selbst über die sentimentalen Anwandlungen lachen, die ihn dazu bewogen haben, seinem vor dreißig Jahren aus den USA importierten Riesenkühlschrank schon mehrmals einen neuen Motor einbauen zu lassen.

Als er dann ein Ferienhaus auf Sylt kaufte und renovieren ließ, wurde auch die dortige Traumküche sehr sorgfältig geplant: Ganz behutsam nahm er ein paar Veränderungen an dem alten Haus vor, wie etwa die Vergrößerung der Fenster, um mehr Licht hereinzulassen. Von einem Museumsfachmann besorgte er sich die Rezepte zum Anmischen der alten Originalfarben für die Bemalung der Balken und Paneele, die dann ein Künstler so auftrug, wie es die friesische Tradition verlangte. Auch den Schwippbogenkamin und den ehemaligen Küchenherd ließ Jürgen wieder aufmauern – nur kocht man auf dem Herd jetzt mit Gas und hinter der gusseisernen Feuerklappe versteckt sich eine Eiswürfelmaschine. Auch beim Mobiliar orientierte er sich an der Sylter Tradition; die meisten Möbel erstand er in Antiquitätengeschäften – vielleicht hat das eine oder andere Stück vor langer Zeit ja schon mal in diesem Raum gestanden ....

Ein offener Kamin in der Küche war schon immer Jürgens Traum, seitdem er als junger Mann in einem französischen

Simmernde Suppen, köchelnde Soßen – hier wabern köstliche Düfte.

ZUCKER
Salz

Originell – Sandkuchenförmchen für den Wackelpudding mit Himbeergeist (links und unten).

Die Hamburger Küche erfüllt höchste Profi-Standards (rechte Seite).

Schloss einmal einen solchen gesehen hatte, in dem sich ein Spießbraten mittels einer alten Technik drehte, bei der ein Gewicht für die Rotation des Spießes sorgt. Diese Drehtechnik hat er sich in seinen Kamin ebenfalls einbauen lassen – nur leider hakt es noch irgendwo. Sehr wichtig ist ihm auch der sechs Meter lange Tisch, an dem viele Gäste Platz finden, denn Kochen ist für Jürgen dann am schönsten, wenn er viele »Mitesser« hat.

Der erfolgreiche Werbefilmer ist ständig auf Reisen und diese nutzt er für seine Kochleidenschaft: Auf allen Kontinenten stöbert er in Läden herum, lernt neue Rezepte kennen, ergänzt sein Arsenal an Küchengeräten. Von diesen Reisen bringt er auch immer wieder neue Ideen für kulinarische Experimente mit; dabei schätzt er die chinesische Küche ebenso wie die indische oder italienische.

Küchendünste wie die von zerlassener Butter oder von Schinken, oder Kräuterdüfte wie die von Minze, Zitronenmelisse oder Rosmarin bringen ihn zum Schwärmen. Aber auch der Geruch von Holz oder Rosenduft entzücken ihn, ein bisschen zu viel ist ihm lieber als ein ästhetisch begründetes Zuwenig: »Ich bin nun mal eher ein Barockmensch, und kein Minimalist«, grinst er. Als visuell ausgerichteter Mensch erfreuen ihn Nahrungsmittel auch durch ihre äußere Schönheit, wie rotwangige Äpfel oder ein praller Schinken.

Für Mikrowelle und Tiefkühltruhe hat er nur ein Achselzucken übrig, so was braucht er nicht. Ein kleines Kühlfach reicht völlig aus für einen Soßenrest oder den Eiswürfelvorrat. Aber eine professionelle Wurstschneidemaschine für hauchfein geschnittenen Tiroler Speck oder ein Spezialherd zum schonenden Garen sind für ihn unerlässlich – und die Aufzählung solcher Geräte ein willkommener Anlass, sich über die weitere Vervollkommnung seiner ohnehin schon vollkommenen Küchen den Kopf zu zerbrechen.

Während seine Sylter Küche eher zum Bekochen eines kleinen Gästekreises geeignet ist, erfüllt die Hamburger Küche auch die Ansprüche eines professionellen Kochs. Bei größeren Gesellschaften begnügt sich Jürgen deshalb mit der Planung des Menüs und überlässt einem befreundeten Sternekoch das Feld.

Doch das sind Ausnahmen. Den Spaß am Kochen als Entspannung angesichts seines stressigen Berufs würde er auf Dauer nie missen wollen. Jürgen kocht fast täglich, für sich allein aber nur einfache Gerichte. Am liebsten ist ihm eine Viererrunde um den Tisch. Dann halten sich die Konzentration auf die Tätigkeiten und die Ablenkung die Waage, das Kochen wird nicht zur Belastung. Denn da ihm nur das Beste gut genug ist, wirft er sich immer gewaltig ins Zeug.

»Wenn du hervorragend ausgestattet bist, über die beste Technik verfügst und Lust auf gutes Essen hast, brauchst du nur noch ein bisschen kochen zu können«, meint Jürgen mit schöner Untertreibung. Ein bisschen kochen können? Na, wenn's weiter nichts ist …

Sylter Wintermenü

Garnelensuppe

Für 4 Personen

1 Tasse Staudensellerie, klein geschnitten
3/4 Tasse Schalotten, klein geschnitten
1 Tasse Karotten, klein geschnitten
2 Tassen Tomaten, ohne Haut, klein geschnitten
1 kleine Dose Tomatenmark
16 Garnelen oder Tiger Prawns
ca. 1,5 l Geflügelfond
Cognac
Trockener Wermut (Nolly Prat)
Pernod
ca. ½ l Schlagsahne
½ Knoblauchzehe

- Garnelen oder Prawns schälen. Schalen der Garnelen klein schneiden und in Olivenöl anrösten. Sellerie, Schalotten und Karotten dazugeben und 5 Minuten rösten. Tomaten und Tomatenmark dazugeben. Mit Cognac ablöschen und flambieren. Mit Hühnerfond auffüllen, ½ Knoblauchzehe und ein paar Pfefferkörner hinzufügen und ca. 30 Minuten köcheln lassen.
- Dann durch ein Sieb gießen und kurz wieder aufkochen. ½ l Sahne hinzufügen und 10–15 Minuten köcheln lassen. Mit Wermut, Pernod und evtl. Salz abschmecken. Die Krabben pfeffern und salzen und von beiden Seiten 1–3 Minuten in Olivenöl oder Butter braten und in die vorgewärmten Teller legen.
- Suppe mit dem Pürierstab aufmixen und über die Krabben gießen

Püree von Grünkohl und Wirsing

Für 4 Personen

600 g geputzte innere Wirsingblätter
300 g geputzter Grünkohl
½ l Crème double
2 EL geschlagene Sahne
Salz
Pfeffer
Muskatnuss
1 Glas Geflügelfond
1 TL Stärkemehl

- Die geputzten Wirsingblätter ohne Strunk in Salzwasser weich kochen und mit kaltem Wasser abschrecken. Gut ausdrücken und fein hacken. Die gleiche Prozedur gilt für den Grünkohl. Beide Gemüse in einem Topf mit Crème double verrühren und gut durchkochen lassen. Mit dem Pürierstab oder im Mixer pürieren, mit Salz, Pfeffer und Muskatnuss abschmecken. Die geschlagene Sahne unterziehen.
- Dazu Entenbrust, im Kamin oder im Backofen gegrillt, in dünne Scheiben geschnitten auf einer Platte anrichten. 1 Glas Geflügelfond erhitzen und 1 TL Stärkemehl in 100 ml Sahne rühren, kurz aufkochen lassen und mit Salz, Pfeffer abschmecken.

Wackelpeter

Für 4 Personen

1 kg TK Himbeeren
200 g Zucker
15 Blattgelatine, rot
Himbeergeist

- Himbeeren mit dem Zucker aufkochen, dann bei mittlerer Hitze ziehen lassen, bis die Himbeeren nach unten gesunken sind. Durch ein Spitzsieb abgießen und nur leicht ausdrücken.
- Die Gelatine in Wasser auflösen und mit dem Saft verrühren. Kurz vor dem Abfüllen ca. 2 Schnapsgläser Himbeergeist unterrühren.
- In lustige Formen (Sandkasten-Backformen) füllen und eine Nacht in den Kühlschrank stellen. Vor dem Stürzen auf einen Teller die Formen einen Moment in warmes Wasser halten, damit sich der Inhalt besser lösen kann.

Landhausküchen

Besser Kochen
Hagen Grote
Gahlingspfad 53
47803 Krefeld
Tel. (0 21 51) 60 70 90
Fax (0 21 51) 6 07 09 99

Gerold Pesek
Heidelberger Str. 23
69256 Mauer
Tel. (0 62 26) 99 03 21
Fax (0 62 26) 99 03 22
www.pesek.de

Landhaus Decor Volderauer
Truderinger Str. 252
81825 München
Tel. (0 89) 42 38 41
Fax (0 89) 42 12 35

Ebenwaldner GMBH
Design-Studio für exclusives Wohnen
Hauptstraße 23
82395 Obersöchering
Tel. (0 88 47) 4 04
Fax (0 88 47) 60 01

Österreich

Heartland & Lacunza
Kunsthafnerei Billensteiner
Hauptplatz 10
3150 Wilhelmsburg
Tel. (0 27 46) 27 74
Fax (0 27 46) 2 77 49
www.billensteiner.com

Schweiz

La Cuisine Handels GmbH
Pannenhof 11
6353 Weggis
Tel. (0 71) 8 41 80 65
Fax (0 71) 8 41 80 62
www.lacuisine.ch
Eine große Palette an Kochgeschirr, Accessoires und Geräten, die hochwertige Schweizer Markenprodukte sind.

Weingüter

Nachstehend genannte Adressen sind Empfehlungen von Reinhard Löwenstein, einem der hundert besten Winzer Deutschlands.

Weingut Heymann-Löwenstein
Bahnhofstr. 10
56333 Winningen
Tel. (0 26 06) 19 19
Fax (0 26 06) 19 09
www.heymann-loewenstein.com

Deutschland

Gutsverwaltung von Maximin Schubert
Grünhaus
54318 Mertesdorf
Tel. (06 51) 51 11

Weingut van Volxem
Dehenstr. 2
54459 Wiltingen
Tel. (0 65 01) 1 65 10
Fax (0 65 01) 1 31 06

Weingut Clemens Busch
Kirchstr. 37
56862 Pünderich
Tel. (0 65 42) 2 21 80

Österreich

Wachau
Weingut Prager
Inh. Toni Bodenstein
3610 Weißenkirchen 48
Tel. (0 27 15) 22 48
Fax (0 27 15) 25 32

Burgenland
Weingut Umathum
St. Andräer Str. 7
7132 Frauenkirchen
Tel. (0 21 72) 2 44 00
Fax (0 21 72) 2 17 34

Steiermark
Weingut Polz
Grassnitzberg 52
8471 Spielfeld
Tel. (0 34 53) 39 11
Fax (0 34 53) 42 41

Schweiz

Didier Joris
Case postale 62
1955 Chamoson
Tel. (0 27) 3 06 55 12
Fax (0 27) 3 06 63 44

Weinbau D. + M. Gantenbein
Platz
7306 Fläsch
Tel. (0 81) 3 02 47 88
Fax (0 81) 3 30 27 23

Abdruckrechte

Wir danken den nachstehend genannten Verlagen für die Abdruckgenehmigungen.

Kleiner Imbiss nach getaner Arbeit

Quiche Roquefort

Für den Teig:

200 g Mehl
100 g Butter oder Margarine
1 Ei
Prise Salz

Für den Belag:

100–150 g echten (!) Roquefort
2 Eier
1 Becher Crème fraîche
Salz, frisch gemahlener Pfeffer

- Zutaten rasch zu einem Teig verkneten, in Plastikfolie einschlagen und Stunde lang in den Kühlschrank legen.
- Eier mit Crème fraîche und Gewürzen verquirlen.
- Backofen auf 200 Grad vorheizen.
- Eine flache Auflaufform mit dem Teig belegen, den Rand hochdrücken und mit einer Gabel mehrere Male pieksen.
- Käse in großen Brocken darauf streuen.
- Eier-Sahne-Mischung darüber gießen.
- Auf der mittleren Schiene ca. 30 Minuten backen, bis der Belag goldgelb und fest ist.
- Schmeckt heiß und kalt.

Rhabarberbaiser

500 g Rhabarber
200 g Zucker
Schale einer halben Zitrone
1 Messerspitze Zimt
Margarine zum Einfetten

Für die Baiserhaube:

2 Eiweiß
150 g Puderzucker

- Rhabarber abziehen und in ca. 2 cm lange Stücke schneiden. Mit Zucker und Gewürzen in einem Topf unter Rühren zum Kochen bringen und dann ohne Deckel 3 Minuten garen.
- In einem Sieb abtropfen lassen (Saft zum Trinken auffangen).
- In eine eingefettete feuerfeste Form füllen.
- Backofen auf 140 Grad vorheizen.
- Eiweiß in einer Schüssel steif schlagen, nach und nach den Puderzucker einrieseln lassen.
- Eischnee in einen Spritzbeutel füllen oder mit dem Löffel auf die Rhabarbermasse geben.
- Auf der mittleren Schiene ca. 45 Minuten backen.
- Schmeckt heiß und kalt.

Dank & Impressum

Gestaltung und Satz: typocepta, Köln
Lithografie: Kölner Medienfabrik
Druck und Bindung: Brepols, Belgien
Printed in Belgium
ISBN 3-8067-2884-4

Wir bedanken uns bei unseren Männern Hans und Jakob für die monatelange Geduld, mit der sie unsere häufige Abwesenheit ertrugen, und bei unserer Lektorin Heike Brillmann-Ede für ihre nie versagende Begeisterung und tatkräftige Unterstützung.
Immer noch dankbar sind wir all denjenigen, die uns ihre Küchentür öffneten und uns so wunderbar bekochten.
Nina Schindler
Ute Karen Seggelke

Die Deutsche Bibliothek – CIP Einheitsaufnahme.
Ein Titeldatensatz für diese Publikation ist bei Der Deutschen Bibliothek erhältlich.

© Julia Zenk, Hamburg